LOS OSCARS

Jonathan GELABERT

Grupo ROBIN BOOK

Barcelona - México
Buenos Aires

LOS OSCARS

Jonathan GELABERT

MA NON TROPPO
ShowTime

MA NON TROPPO
ShowTime
Un sello de Ediciones Robinbook
información bibliográfica
Indústria, 11 (Pol. Ind. Buvisa)
08329 - Teià (Barcelona)
e-mail: info@robinbook.com
www.robinbook.com

Diseño de cubierta: Paco Murcia
Compaginación: Paco Murcia

ISBN: 978-84-96924-27-7
Depósito legal: B-14.606-2008

Impreso por Reinbook Imprès, Pol. Ind. Can Calderón,
C/ Múrcia 36, 08830 Sant Boi de Llobregat

Impreso en España - *Printed in Spain*

A mi padre, que me compró
mi primera revista de cine.

Sumario

«Y el Oscar es para…»
Hollywood, obviamente

Según la web oficial de la Academy of Motion Pictures, el suyo es «el premio más reconocido del mundo». A nadie se les escapa que la humildad no es una de las virtudes de la cinematografía norteamericana, pero es evidente que para sus honorables académicos el nombre de Alfred Nobel debe de sonarles a sueco.

Cierto es que el *award* –como ellos lo llaman– se ha convertido en el icono más representativo de aquello que Hollywood más entiende y valora: el éxito. Y su Oscar-marca-registrada se erige como el símbolo absoluto del reconocimiento, el *summun* del prestigio profesional, la insignia perpetua del triunfador... Algo así como la medalla en los Juegos Olímpicos, pero con *glamour*. No me imagino a Nicole Kidman recogiendo su Oscar en chándal, aunque alguna vez se les haya colado un nudista, unos cuantos peinados horteras y discursos pueriles.

La estatuilla del hombrecillo dorado erguido sobre una sólida peana es un premio –para algunos «El premio»–, porque es la piedra filosofal de los cineastas. Pero también es la gran cita del cine, el encuentro anual entre el Olimpo de los dioses del celuloide y su público. Un evento endogámico que por su gran generosidad (y la cuenta que les trae) comparten con nosotros. Qué majos.

La ceremonia congrega en un teatro a la *crème de la crème* de la gente que hace películas (en inglés), y, fuera del mismo, a ese numeroso grupo, heterogéneo y multicultural, que disfruta con ellas (en versión original y/o subtitulada). Toda gala de estas características es especial, pero la de los Oscars es insuperable, lo que la convierte en el acontecimiento anual con mayor audiencia televisiva, sin desmerecer las grandes finales deportivas o las retransmisiones de las campanadas de Año Nuevo.

Al recibir esta pieza de bronce con un baño dorado, muchos aseguran que les ha pillado por sorpresa, pero sabemos que mienten (a los actores se les da muy bien eso). Lo reconozcan o no, han luchado por hacerse con ella. Algunos han tenido que sacrificar demasiadas cosas, cambiar sus prioridades, elegir papeles arriesgados, aceptar encargos a regañadientes, soportar eternas sesiones de maquillaje o engordar una barbaridad de kilos, como Robert De Niro en *Toro salvaje*.

Para unos, la estatuilla es el broche final a su carrera, para otros, el

El icono más representativo de aquello que Hollywood más entiende y valora: el éxito.

inicio de un despegue profesional. Algunos se han sentido los reyes del mundo. Otros se han venido abajo y han entrado en una espiral negativa encadenando fracasos profesionales y personales.

De suyo, el Oscar premia el talento, el esfuerzo, la creatividad. Pero también suele ser caprichoso, olvidadizo y, en consecuencia, compensatorio. Otorga prestigio, alimenta la vanidad, fomenta el autobombo y ensalza la individualidad (curiosa paradoja para un arte esencialmente colectivo). Es el Faro de Alejandría de los cinéfagos, que orienta sus preferencias a la hora de decidir sala en el Megaplex. Es la convocatoria cinéfila del año, ya sea para disfrutarla o cuestionarla.

Una estatuilla, un reconocimiento, una ceremonia estelar, un exitoso programa de televisión. Son los Oscars. Y vamos a darles un repaso.

1 El premio

La estatuilla de la Academia es, parafraseando un título del maestro Luis Buñuel,[1] «ese dorado objeto del deseo». Pero, salvo su negra peana, éste no tiene nada de oscuro. Se trata de un premio radiante (como el oro), que ilumina la carrera y el rostro de quienes lo consiguen y arranca el aplauso (no siempre feliz, pero sí sincero) de la profesión. Aspirar a él es legítimo. No ganarlo, una oportunidad perdida. Conseguirlo, el éxtasis.

---

1. *Ese oscuro objeto del deseo*, dirigida por Luis Buñuel y escrita junto a Jean-Claude Carrière, es una producción franco-española nominada en 1978 al Oscar al mejor film en lengua no inglesa.

Hace un millón de años...

O puede que sólo fueran ochenta. Contrariamente a lo que se piensa –o parece–, los Oscars no nacieron para promocionar la industria cinematográfica estadounidense, sino con el fin de reconocer el talento y promover la excelencia en todos los ámbitos de la producción fílmica.

Los fundadores de la Academia querían desmarcarse de un sambenito que les habían colgado, ya que el cine se veía como un negocio de puro entretenimiento más que un vehículo de expresión artística (¿qué llevaría a pensar semejante disparate?). Por otro lado, el debate resulta estéril, ya que el cine es lo que es: industria y arte en proporciones tan dispares como películas existen.

El caso es que allá por el año 1929, el cinematógrafo experimentó un vuelco brutal con la incorporación del sonido. Las películas hablaban, y por eso se las conocía como *talkies*. Si encima hubieran caminado se habrían llamado *walkie-talkies* y habrían surgido problemas de *copyright* con el Ejército.

La llegada del sonoro revolucionó la industria. Fue un tiempo de peligro y oportunidad, de incógnitas y expectativas, que son los elementos que distinguen una crisis. Y, como se sabe, de las crisis nacen las mejores ideas.

Pensada como un banquete privado, la primera velada tuvo lugar en el salón Blossom del hotel Roosevelt, en Hollywood. A ella tan sólo asistieron 250 personas, que pagaron 10 dólares por asistir a una entrega de premios que aún no habían sido bautizados. Esa noche todas las películas candida-

Cartel de *Wings* (*Alas*), film galardonado por la Academia como mejor película. También consiguió otra estatuilla por sus efectos de ingeniería, categoría que sólo se concedió en la primera edición (1928).

La Academia es propietaria del Academy Film Archive, el mayor y más completo archivo cinematográfico del mundo.

tas eran mudas, pero la instauración oficial de los premios daría mucho que hablar.

Los ganadores hacía un mes que estaban avisados, se impidió el paso a la prensa y Billy Crystal no había nacido aún, por lo que fue una ceremonia bastante sosita que duró apenas cinco minutos. Ochenta años después ¡quién la ha visto y quién la ve! Ahora es un evento de alcance mundial irresistible. En ambos sentidos: imposible de resistirse a él, por su inmenso atractivo, y difícil de resistirlo, por su formato estirado y no siempre dinámico, aunque lo pretenda.

Los 36 fundadores de la Academia procuraban para la profesión credibilidad y respeto. Así nacieron los Oscars, una iniciativa que ha sido tildada de falso baremo de calidad, de fiesta del autobombo más complaciente, de aparato manipulador de psiques fundado en la percepción del concepto «premio»... Pero que también es una referencia cinéfila de brutal impacto mediático, en la que hay sitio para los valores artísticos y otras cinematografías distanciadas de la estadounidense como algunos dirigentes políticos del sentido común.

FÁBRICA DE SUEÑOS

En la gala de 1975 Elizabeth Taylor dijo que «Las películas de Hollywood han ayudado a llevar el sueño americano a todo el mundo». Cuánta razón tenía, porque esas películas llevan treinta años quitando el sueño a quienes vivimos al otro lado del charco y debemos velar toda la noche para no perdernos la retransmisión de la gala en directo.

The golden guy

Mide 34 cm y pesa algo más de tres kilos. Aleación de plomo, níquel, plata y cobre bañada en oro de 24 quilates. Está hecho a mano, se le somete a un estricto control de calidad, tiene número de serie y desde hace ochenta años la vida de Hollywood gira alrededor de él.

16 de mayo de 1929. Es la fecha en la que oficialmente se entregó el primer Academy Award of Merit, que es su nombre oficial. Se le llama de otras muchas maneras: trofeo dorado, juguetito, estatuilla al mérito, *golden guy*... Pero ha llegado a ser conocido y aceptado por todos como el Oscar de la Academia.

Habrán oído mil veces la leyenda de la que deriva su apodo (la del tío de la bibliotecaria que, por lo visto, se parecía un montón al muñequito), por lo que no me referiré a ella... aunque me temo que acabo de hacerlo. A todo esto: ¿por qué Sir Oskibald de Hollyland agarra una espada? ¿Qué quería representar el director artístico de la Metro, Cedric Gibbons, cuando le fue encargado su diseño? ¿Tendrá algo que ver con la sempiterna espada de Damocles que pende sobre las películas si no responden a la expectativa creada? ¿Es su hoja afilada una alusión a la batalla entre productores y directores por el famoso *final-cut*?...

En cualquier caso, salvo excepciones, la gente del cine lo venera, lo codicia y lo envidia. Por eso, cuando por fin se produce el feliz encuentro pocos pueden contenerse: sueltan el chiste que llevaban semanas memorizando, se acuerdan de sus seres queridos, dan las gracias hasta al aparcacoches y la mayoría acaba levantando el trofeo por encima de su cabeza para que puedan verlo los que están sentados en las últimas filas del teatro.

Oscar es el caballero dorado más cinematográfico, con permiso de C3PO. Y también es una marca registrada para uso exclusivo de la Academia. Pese a ello, debe de ser uno de los iconos más plagiados del mundo. Millones de trofeos de mentirijillas se exponen en jugueterías, tiendas de decoración, comercios de artículos de broma y, por qué callarlo, *sex-shops*. A los pasteleros les da por hacerlos de pan o chocolate. Los mimos explotan su imagen haciendo la estatua. Y se habla del caso extremo de un ornitólogo cinéfilo que disecó a su canario y lo puso so-

El *golden guy* o chico dorado, quizás el icono más plagiado del mundo.

La pequeña Shirley Temple junto a Walt Disney con los Oscars personalizados para *Blancanieves*.

bre una peana erguido y agarrando una espadita... pero no ha podido documentarse gráficamente.

Visto que todo el mundo hace lo que quiere, la Academia también se ha permitido en alguna ocasión introducir variaciones en el diseño original. Por ejemplo, durante la Segunda Guerra Mundial los Oscars se fabricaron con yeso. En 1939, al distinguir a *Blancanieves y los siete enanitos* con un premio honorífico, personalizaron el Oscar para Walt Disney, entregándole una estatuilla estándar y otras de tamaño reducido que completaban el juego. Este recurso de la miniaturización se aplicó a la categoría Premio Juvenil, que se concedió esporádicamente entre 1934 y 1960.[2] Y ahí se quedó, porque no quiero ni imaginarme lo que pasaría si un film como *300* ganase el Oscar a mejor película. Pero la modificación más curiosa fue la entregada al ventrílocuo Edgar Bergen por su creación, el muñeco Charlie McCarthy. La estatuilla era de madera e incorporaba una boca articulada.

Al recibirlo por *Rain man*, Dustin Hoffman comentó que el caballero era eunuco, porque no tenía genitales, que debió de ser una gracia, porque no se explica cómo pudo ver nada si... ¡Ah, caramba! Ahora entiendo lo de la espada.

2. Véase el capítulo «Juego de niños», pág. 68.

Mi tesooorooo

Siento decepcionarle, pero esas estatuillas que tiene en casa y que le regalaron por ser la madre más guapa, el compañero más guay o la suegra más simpática son imitaciones. Conseguir un Oscar auténtico es un poco más complicado.

El método tradicional es de sobras conocido, pero si no pertenece a la profesión cinematográfica tiene otra alternativa para hacerse con su objeto de deseo: ser heredero de alguien que lo haya ganado. Descartadas las anteriores opciones, sólo le queda ser millonario. Oficialmente, las estatuillas no pueden venderse. Desde 1950 la Academia hace firmar a los ganadores un contrato en el que se les prohíbe comerciar con ella. En el caso de que alguien pretenda deshacerse de un Oscar obtenido legítimamente, la Academia tiene el derecho a recomprarlo por el precio simbólico de un dólar.

Pese a estas medidas, algunas estatuillas –sobre todo anteriores a la aplicación de esta norma– han salido a subasta. La de Vivien Leigh por su papel de Escarlata O'Hara se vendió por 550.000 dólares. Una cantidad similar es la que pagó Steven Spielberg, un habitual de estas subastas, para hacerse con el que Bette Davis ganó por *Jezabel*. Cinco años antes también pujó por el que Clark Gable obtuvo por *Sucedió una noche*, y pagó la friolera de 607.000 dólares. El director y mecenas de Hollywood no adquiere las estatuillas para compensar ningún vacío emocional, sino como ejercicio altruista, ya que después las dona a la Academia, porque «no hay mejor santuario que éste para alojar los trofeos». No todo el mundo es tan generoso como el papá de ET. Otros están dispuestos a pagar lo que sea para su propia complacencia. Tal es el caso de Michael Jackson (otrora amigo de Steven), que por adueñarse de la que ganó *Lo que el viento se*

Recientemente, Sotheby's ofreció la oportunidad de pujar por el Oscar que Orson Welles y Herman J. Mankiewicz ganaron por escribir *Ciudadano Kane*. Nadie pujó. Sin embargo, en esa misma subasta, la copia de guión que Welles utilizó en el rodaje y que contenía sus propias anotaciones, fue adquirida por 100.000 dólares. Una cantidad «insignificante», teniendo en cuenta que la escritura de un guión en Estados Unidos se cotiza actualmente por encima del millón de dólares, y no garantiza un Oscar.

llevó como mejor película abonó más de millón y medio de dólares.

Tener dinero tampoco es garantía de hacerse con un Oscar auténtico. No hace mucho tuvo que suspenderse la subasta en la que se ofrecía un Oscar del director Leo McCarey al detectarse que era una falsificación. Este negocio también se mueve en niveles clandestinos. Es imposible controlar dónde se alojan los centenares de galardones que se han concedido en ocho décadas, y los genuinos coleccionistas no alardean de sus piezas más valiosas; así que es muy posible que decenas de hombrecillos dorados hayan cambiado de manos calladamente.

En el año 2000 más de cincuenta piezas «desaparecieron» días antes de la ceremonia. O bien «se extraviaron», como apunta la versión oficial, o bien quien las sustrajo cayó pronto en la cuenta de que un Oscar no entregado carece absolutamente de valor simbólico y, por lo tanto, negociable. Horas más tarde aparecieron en un contenedor y la organización pudo recuperarlas. El tipo que las encontró podrá contar batallitas de cómo tuvo unos cuantos Oscars auténticos en sus manos y cómo, por su honradez al devolverlos, la Academia le invitó a la gala de aquel año.

Pero no todo el mundo quiere a Oscar...

Vivien Leigh con el Oscar que consiguió por su papel de Escarlata O'Hara, el mismo que una conocida casa de subastas vendió por más de medio millón de dólares a Steven Spielberg.

«A mí, plin»

No ha sido una constante, pero se han dado casos de personas que rechazaron el Oscar. No es que dijeran que les daba igual si se lo daban o no (¡ejem!), o que restaran importancia al premio. Tampoco es que no pudieran recogerlo porque tenían cosas más importantes que hacer (como comerse las uñas sin que les vean millones de personas por televisión)..., sino que simplemente dijeron «NO».

El precedente lo sentó el guionista Dudley Nichols en 1935. Se desentendió del Oscar que le dieron por *El delator* al encontrase en aquel momento enfrentadas la Asociación de Escritores y la Academia. No fue un gesto visceral, sino una negativa en toda regla; tanto, que devolvía la estatuilla cada vez que la Academia se la hacía llegar por correo.

George C. Scott echó pestes del sistema de votación cuando fue nominado como mejor actor por *Patton*. Después se mantuvo fiel a sus principios y no quiso aceptar el premio cuando se hizo público que él había ganado. Con esto acalló las malas lenguas que lo habían acusado de marear la perdiz para ganar votos.

La nota de color la puso Marlon Brando, ganador en 1972 por *El Padrino*, que envió a una mujer ataviada con una vestimenta india para que rechazara el premio en su nombre y de paso protestara «por el tratamiento que los indios reciben en las películas norteamericanas». Luego se supo que aquella mujer no era apache, sino una actriz *amateur* contratada por Brando; pero consiguió el golpe de efecto –que era lo que pretendía–. De hecho, que casi cuarenta años después estemos hablando de ello lo confirma.

Sasheen Littlefeather, la supuesta nativa que Marlon Brando envió en su nombre para rechazar el Oscar que le concedieron por su trabajo en *El padrino* y censurar el trato discriminatorio de Norteamérica hacia los indios.

Unos cuantos más demostraron cierto desdén por el galardón no acudiendo a las ceremonias donde fueron proclamados ganadores... aunque acabaron aceptándolo. Las razones no eran

Otro cineasta reticente a las ceremonias y los galardones ha sido siempre Woody Allen. Llámenlo timidez, llámenlo pasotismo. El rapsoda visual de Nueva York no asomó la nariz ni sus gafas de pasta por los Oscars ninguno de los catorce años en los que fue nominado, algunos por partida doble y triple (como guionista, director y/o actor). Ya ha ganado tres estatuillas, pero han tenido que enviárselas a casa, porque a la hora de la ceremonia él estaba tocando el clarinete con su banda en el Michael's Pub de Manhattan. Extraordinariamente, Woody aceptó acudir a la gala de 2002 para participar en el tributo que Hollywood hizo a la ciudad de Nueva York.

siempre políticas. Algunas estrellas grandes en la pantalla no podían reprimir su inseguridad fuera de ella y preferían quedarse en casa a exponerse a las miradas de todos, máxime si sospechaban que no iban a ganar. Divas como Joan Crawford, Gloria Swanson o Sophia Loren pensaban así.

Personalidades más fuertes han mantenido siempre una postura crítica con los premios, como Katharine Hepburn, que, además de ser la mujer con más Oscars en su carrera, jamás acudió a recogerlos. No era una pose. De hecho sólo acudió a la gala de 1974 para entregar el Premio Irving Thalberg al productor Lawrence Weingarten, y lo hizo vestida con un pijama en protesta por la banalidad de los premios. Consecuente con su proceder, donó sus cuatro estatuillas al Empire State Building de Nueva York, pues era de la opinión de que si no iba a recogerlos, tampoco debía tenerlos.

Laurence Olivier, que ganó el Oscar por *Rebeca*, se negó a suspender su función de teatro en Londres y tampoco acudió a la ceremonia.

Cómo se gana un Oscar

La Academia es un ente abstracto y concreto a la vez. Son los más de 6.000 afiliados, con nombres y apellidos, pero es también una conducta colectiva con patrones arraigados y previsibles que, de ser tomados en consideración, pueden reportar grandes satisfacciones.

He aquí una guía para aspirantes en las categorías de interpretación:

Haga de psicópata...

en un película seria, con un director reputado y un trasfondo no real, sino literario.

Razón: Anthony Hopkins (*El silencio de los corderos*), Kathy Bates (*Misery*), Javier Bardem (*No es país para viejos*).

Casi lo consiguen: Jack Nicholson (*El resplandor*),[3] Bette Davis (*¿Qué fue de Baby Jane?*), Sissy Spacek (*Carrie*).

Sea un deficiente mental...

o autista, que acaba siendo el más listo de todos.

Razón: Dustin Hoffman (*Rain Man*), Tom Hanks (*Forrest Gump*).

Casi lo consiguen: Sean Penn (*Me llamo Sam*), Leonardo DiCaprio (*¿A quién ama Gilbert Grape?*).

Tenga problemas motrices...

o cualquier tipo de minusvalía física: ceguera, sordera, mudez...

Razón: Daniel Day-Lewis (*Mi pie izquierdo*), Al Pacino (*Esencia de mujer*), Marlee Matlin (*Hijos de un dios menor*), Kevin Spacey (*Sospechosos habituales*), Jane Wyman (*Belinda*).

Casi lo consiguen: Dustin Hoffman (*Cowboy de medianoche*), Gary Sinise (*Forrest Gump*), Audrey Hepburn (*Sola en la oscuridad*).

Simule locura...

manteniendo la incógnita de si ha perdido la chaveta o solamente tiene la pretensión de que así lo crean los demás.

Razón: Jack Nicholson (*Alguien voló sobre el nido del cuco*), Angelina Jolie (*Inocencia interrumpida*), Vivien Leigh (*Un tranvía llamado deseo*)

Casi lo consiguen: Brad Pitt (*Doce monos*), Gleen Close (*Atracción fatal*).

Travístase

El intérprete no conseguirá premio, pero sí nominación. La Academia es liberal... pero hasta cierto punto.

---

3. No llegó a estar nominado.

Marisa Tomei con su Oscar como mejor secundaria por *Mi primo Wynnie.* Sin duda, fue la sorpresa de la ceremonia de los Oscars de 1992.

Razón: Dustin Hoffman (*Tootsie*), Felicity Huffman (*Transamerica*), Julie Andrews (*Victor o Victoria*).

La excepción: Hilary Swank (*Boys don't cry*).

El caso raro: Linda Hunt (*El año que vivimos peligrosamente*), que no era un asunto de transexualismo, sino una actriz interpretando un personaje varón. También ganó.

Deforme su cuerpo

A mayor énfasis, más votos.

Razón: Robert De Niro (*Toro salvaje*), Charlize Theron (*Monster*), Nicole Kidman (*Las horas*).

Casi lo consiguen: John Hurt (*El hombre elefante*), Dustin Hoffman (*Pequeño gran hombre*),[4] Ralph Fiennes (*El paciente inglés*).

Y, sobre todo, ¡nada de comedia!

NOTA: ¿Se han fijado en qué actor probó con (casi) todas las opciones?

SIENDO AMIGO DE JACK PALANCE

La encantadora Marisa Tomei ganó el Oscar a la mejor secundaria por *Mi primo Wynnie.* Corre el rumor –no confirmado por la Academia– de que el premio no era para ella, y que el actor que abrió el sobre decidió cambiarlo caprichosamente. Fue Jack Palance (muchos testigos aseguran que iba un poquito alegre); no se sabe si leyó erróneamente o si decidió echarse unas risas. Cada vez que se le preguntaba al respecto, el muy pícaro ni confirmaba ni desmentía las especulaciones, alimentando la leyenda.

4. No llegó a estar nominado.

Qué hacen los premiados al recibirlo

Recoger un Oscar implica una enorme responsabilidad. Se habla mucho de los discursos. Que si están preparados, que si son espontáneos, que si se alargan innecesariamente como una película de Oliver Stone.... Poco importa eso. Lo complicado es decidir de antemano qué hará uno cuando le entreguen la estatuilla.

Para empezar, la mayoría vuelve a dejarlo sobre el atril para sacar la chuletilla y arrancarse con los agradecimientos. Uno se pregunta: tanto tiempo esperando ese momento y cuando tienen *agarrao* al muñeco ¿van y lo dejan?

Los galardonados sujetan su Oscar con fuerza, lo levantan en señal de victoria, lo mecen, lo acurrucan como a un bebé, se lo ponen sobre la cabeza, lo acarician como si quisieran bruñirlo y algunas se lo olvidan en el lavabo de señoras, que es lo que le ocurrió a Meryl Streep con el que ganó por *Kramer contra Kramer*.

Desde que Greer Garson se extendió casi seis minutos en 1942, los productores del espectáculo son muy rigurosos: los discursos largos son cortados de cuajo por el director de la orquesta (a menudo el incansable Bill Conti), que en cuanto el tiempo se extingue ahoga las alocuciones con fanfarrias de Williams, Horner o Goldsmith. Incluso así, algunos no han querido callarse. Le ocurrió a nuestro ¡¡¡Peeedro!!!, que al agradecer el premio a *Todo sobre mi madre* leyó una retahíla de nombres que ni la lista de Schindler. Tampoco se amilanó Julia Roberts: «Todos trataban de callarme, pero no funcionó. No funcionó con mis padres y no funcionará ahora. Una chica tiene que tener su momento».

A muchos les sorprende el peso de la estatuilla, pero ninguna más pesada que la que arrastró Jack Palance en la ceremonia de 1992. El septuagenario actor entró en el escenario tirando de una monumental reproducción del Oscar sobre la que iba sentado el maestro de ceremonias de aquella noche: Billy Crystal. Era el primer *gag* de la noche y la reedición de una anécdota que había trufado de chistes la gala del año anterior: la insólita fortaleza de Palance haciendo flexiones con una mano tras ganar el Oscar por *Cowboys de ciudad*.

Al ganar el Oscar a la mejor canción tras 16 nominaciones, Randy Newman puso un punto de ironía declarando:

Kevin Spacey: «Jack Lemmon: donde quiera que estés... ¡Gracias!». A la izquierda, ganador como mejor secundario por *Sospechosos habituales*; a la derecha, mejor actor por *American Beauty*.

«Gracias por no volver a humillarme». Kevin Spacey, en cambio, optó por la puya disimulada: «Los amigos no son sólo los que te dicen lo bueno que eres, sino los que te mantienen concentrado al recordarte lo que no haces bien», dijo con retintín refiriéndose al sector que le había convertido en blanco de sus críticas.

Pero lo más resultón es ser agradecido para con la familia: «Me gustaría agradecer a mi padre y a mi madre que no practicasen el control de natalidad», afirmó Dustin Hoffman. Muchos premiados agradecen a sus parejas el haberles apoyado en su carrera y en los malos momentos previos al glorioso presente. Son momentos emotivos y apasionados, donde se escapan algunas lágrimas y el rimel suele correrse... Pero en no pocos casos han anticipado la ruptura irreversible de la relación. Le sucedió a Hilary Swank con Chad Lowe, a Clint Eastwood con Frances Fisher, a Marlee Matlin con William Hurt, a Halle Berry con Eric Bénet... Así que, por pura estadística, si una estrella de Hollywood está a punto de separarse lo más probable es que, si gana un oscar, se lo dedique a su pareja. Bonito detalle.

Meteduras de pata

Salvo en el limitado tiempo que les otorga para hablar, la organización da libertad total a los ganadores para que se manifiesten como les venga en gana. Al escuchar su nombre como mejor actor por *La vida es bella*, Roberto Benigni recurrió a su histrionismo y, tomando la platea como el patio de su casa, provocó tal desconcierto que no se le ha vuelto a ver por Hollywood.

Otros que provocaron vergüenza ajena:

Jack Lemmon, que acudió a la gala de 1974 con unas cuantas copas de más. El problema es que ganó por *Salvad al tigre*, y necesitó que le ayudasen a subir al escenario, porque las piernas no le aguantaban.

A Steven Spielberg, muy decepcionado por no ser nominado como mejor director por *Tiburón* le dio una pataleta impropia de su talante: «No me lo puedo creer. ¡Han elegido a Fellini en vez de a mí!», exclamó al enterarse. Sí, al Fellini de *Amarcord*, aunque el premio acabó llevándoselo el checo Milos Forman por *Alguien voló sobre el nido del cuco*.

Juliette Binoche, mejor actriz secundaria por *El paciente inglés*: «¡Uau! ¡Creía que se lo iban a dar a Lauren [Bacall]!».

Juliette Binoche quiso ser considerada con sus compañeras cuando se impuso a ellas como mejor secundaria por *El paciente inglés*, y no se le ocurrió otra cosa que decir: «¡Uau! ¡Creía que se lo iban a dar a Lauren [Bacall]!». Desde su butaca, una envejecida y abatida Lauren Bacall –que para muchos era la gran favorita– se retorcía de rabia, conteniéndose para no silbar y convocar el espíritu de Bogart para que le diera su merecido a la francesita salerosa. Porque una cosa es ganar y otra hacer sentir a los otros que han perdido; o recordárselo, como hizo Billy Crystal con su tocayo Bill Murray, derrotado por Sean Penn dos pausas publicitarias antes. La cara del protagonista de *Lost in Translation* parecía una versión cubista de sí misma. Porque son actores, pero como suele decirse, también son personas. Y bastante tienen con controlar sus emociones para que encima otros los machaquen para hacerse los graciosillos.

¡TIERRA, TRÁGAME!

Humphrey Bogart estaba tan convencido de que ganaría por su Rick de *Casablanca*, que se levantó para recoger el premio sin darse cuenta de que habían citado como ganador a Paul Lukas. Esto no ocurría en los primeros años de los premios, ya que los resultados se conocían con anterioridad. Al principio, con varios días de antelación y, después, la misma tarde de la ceremonia, porque las filtraciones eran constantes. A partir de 1953, con la implicación de la televisión en la fiesta, el morbo y la expectación crecieron, la firma PriceWaterhouseCoopers entró como auditora y se acabaron los chivatazos. Desde entonces, nadie sabe quién va a ganar, o mejor dicho: quién ha ganado, porque los sobres están cerrados y lacados.

Premios de categoría...

A continuación haremos una breve referencia a esos otros premios que, aunque parezcan de consolación, son los más valiosos, pues no recompensan un mérito puntual y pasajero, sino una trayectoria, un espíritu constante, una vida de entrega al cine y a la humanidad.

Reconozcamos que nos interesan bien poco. En un tiempo en que la Academia Española genera polémica por la exclusión de algunas categorías con la excusa de dinamizar y hacer más cortas las ceremonias, que la gente de Hollywood alargue las suyas con premios especiales y honoríficos lo explicamos como una concesión a la publicidad o a su irritante endogamia.

Sin embargo, tras estos premios malinterpretados como menores se ocultan algunas historias fantásticas. Y como para muestra dicen que vale un botón, el que les presento se llama Premio Humanitario Jean Hersholt, «en reconocimiento a cualquier profesional del cine cuyo esfuerzo en causas humanitarias haya dado prestigio a la industria». No se entrega cada año y debe su nombre al actor Jean Hersholt, que fue el abuelito de Heidi en la versión cinematográfica que hizo Shirley Temple. Nacido en Dinamarca y emigrado a Estados Unidos, su historia no tiene desperdicio:

Empezó haciendo papeles de extra en los orígenes de Hollywood, participando en *Greed*, de Eric von Stroheim. Con la llegada del sonoro, y por su acento danés, se vio limitado en sus papeles hasta que inventó el personaje del Dr. Paul Christian, inspirándose en un compatriota suyo que era un cuentista: un tal Hans C. Andersen. Este personaje fue muy popular en su tiempo, dando pie a una longeva serie radiofónica y algunas películas que produjo la RKO. En la línea ética y bondadosa de su propio personaje, Hersholt creó junto a otros una fundación que proveería de atención médica a la gente del cine más desfavorecida. Su labor al frente de esta iniciativa le valió el reconocimiento de la Academia, que volvió a premiarle años después por su continuo servicio a la industria del cine. Una entrega que completó con la traducción al inglés de más de 160 cuentos de hadas de su estimado compatriota Andersen.

Entre los que han sido galardonados con este premio se encuentran algunos cómicos famosos, como Bob Hope y Danny Kaye. O hermosas mujeres que demostraron ser aún más bellas interiormente al volcarse en la

Jean Hersholt (centro) en *Greed* (*Avaricia*, 1924), de Erich von Stroheim.

promoción de UNICEF (Audrey Hepburn) o la investigación contra el SIDA (Elizabeth Taylor). También reconocidos filántropos como Quincy Jones o Paul Newman.

Sorprende, no obstante, que en la relación de personalidades distinguidas aparezca un tal Charlton Heston, que por mucho empeño que pusiera en sacar de Egipto al pueblo de Israel en *Los 10 mandamientos*, presidió durante años la National Rifle Association, promotora del derecho a la libre posesión de armas de fuego y que de humanitaria tiene bastante poco, la verdad.

2 Las películas

Son sólo ochenta. ¡Ochenta películas galardonadas con el Oscar principal en casi un siglo! Cabrían en un estante de cualquier dvdteca. Repasar los títulos provoca la evocación nostálgica de muchas obras maestras que no aparecen en la lista. Cierto es que al votar los académicos priman los sentimientos de afinidad, el *vox populi* o los pronósticos, y no siempre la película «del año» lo ha sido de verdad. Pero un azaroso destino da sentido a la selección: son, en su conjunto, la radiografía de un siglo.

Oscar Grand Slam

Es el título oficioso con que se designa la consecución de los cinco Oscars principales (película, actor, actriz, director y guión). Hasta la fecha solamente tres películas lo han logrado. La primera de ellas fue *Sucedió una noche* (1935). Tuvieron que pasar cuarenta y un años para que *Alguien voló sobre el nido del cuco* (1976) la igualara. El último film bendecido por la corona de cinco puntas doradas fue *El silencio de los corderos* (1992).

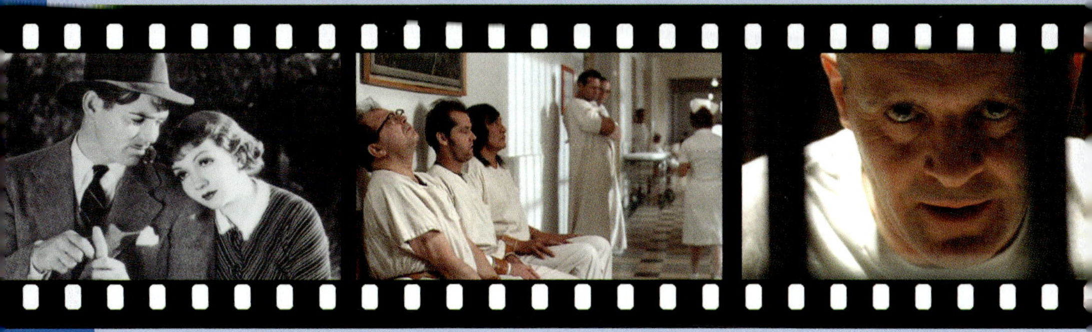

JACK NICHOLSON
ONE FLEW OVER
THE CUCKOO'S NEST

the silence of the lambs

TOGETHER FOR
THE FIRST TIME!
CLARK GABLE and CLAUDETTE COLBERT
"It Happened One Night"
with WALTER CONNOLLY • ROSCOE KARNS
a FRANK CAPRA PRODUCTION
A COLUMBIA PICTURE

Sucedió una noche

Primer Oscar Grand Slam

Comedia imperecedera y magistral. La que hoy es considerada por muchos la primera *screwball comedy* y precursora de un subgénero que ha dado títulos gloriosos, tuvo una carrera tan accidentada como la peripecia de sus personajes.

El director Frank Capra y su fiel guionista Robert Riskin habían escrito un guión basándose en un cuento corto que, a su vez, se inspiraba en una anécdota real: la de una chica de familia bien que huía de casa de su padre para reunirse con el amor de su vida. Los diálogos y los personajes eran deliciosos, pero para los que ponían el dinero aquello tenía pinta de film menor, así que Capra tuvo que comprometerse a rodarla en un mes.

Para el papel de la rica heredera Capra quería a Claudette Colbert, una de las estrellas de la época. De poco le valió argüir que él la había hecho debutar en el cine cuando era una desconocida. Colbert exigió cobrar el doble de la remuneración habitual (50.000 dólares). De todas formas, parece ser que la diva no se encontró nunca cómoda en el rodaje y que ponía pegas a todo, lo que por esas cosas del cine benefició sustancialmente a la película. La famosa escena en la que los protagonistas duermen separados por una manta tendida en una cuerda fue una improvisación al negarse la actriz a desvestirse ante la cámara. Esta secuencia fue bautizada como «Las murallas de Jericó», que es el título que recibe la película en algunos países.

Quien no tuvo reparos en desvestirse fue un actor de la MGM que había provocado el enfado del productor Jack Warden cuando éste se enteró de que el estudio se había gastado 500 dólares en hacerle una prueba a alguien «con esa cara de mono». El joven aspirante a galán se llamaba Clark Gable, y poca fe tenían en él cuando se lo «prestaron» a la Columbia para el rol del periodista que identifica a la fugitiva y pacta no denunciarla si le permite acompañarla en su viaje y escribir un artículo. Gable, al que todavía la prensa rosa no había apodado «el Rey», aceptó un papel que había rechazado Robert Montgomery arguyendo que el guión era lo peor que había leído nunca.

Gable se volcó en aquel personaje con tanto entusiasmo que cuando Capra le pidió quitarse la camisa, él, campechano, no dudó en hacerlo.

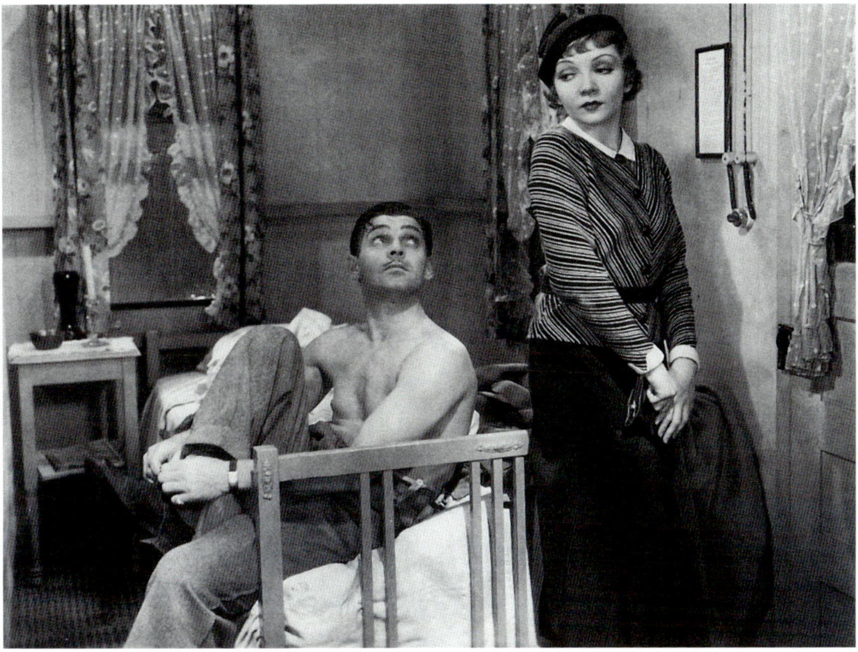

Clark Gable junto a Claudette Colbert en *Sucedió una noche*, la primera película que logró hacerse con los cinco premios principales.

Su *strip-tease* tuvo un impacto sociológico tremendo. No tanto por mostrar su torso desnudo, sino porque, a juicio de los vendedores de camisetas del país, aquello podía representar una bajada significativa de las ventas.

Esta polémica no fue la única repercusión social del film. Dado que los protagonistas se conocían viajando en autobús nocturno (el título primigenio del film fue *Night Bus*), aluviones de chicas se lanzaron a viajar en coches de línea en busca de su propia aventura romántica.

Todo esto pudo ayudar a que la película –estrenada modestamente y retirada de cartel a la semana de su exhibición– tuviera una segunda oportunidad propiciada por el boca-oreja. El estudio supo aprovecharlo y la reestrenó con un éxito notable que culminó con la inscripción de *Sucedió una noche* en la historia de los Oscars como el primer film –y la única comedia– en obtener los cinco premios mayores.

Alguien voló sobre el nido del cuco
El mundo está loco, loco, loco

El director de origen checoslovaco Milos Forman no es un cineasta prolífico. Su media es de dos películas por década, casi todas ellas de factura y/o propuesta impecable: *Amadeus*, *Hair*, *Ragtime*, *El escándalo de Larry Flint*, etc. *Alguien voló sobre el nido del cuco* fue su primer film en Estados Unidos, y al más puro estilo romano, vino, rodó y venció.

... Y se llevó repóker de Oscars.

No me resisto a incluir el incisivo resumen que hace Juan Manuel Grijalvo del argumento: «El protagonista es Jack Nicholson. Se pasa dos horas haciendo de Jack Nicholson. Llega al manicomio y se encuentra con un indio que no habla, interpretado por Will Sampson. Pone en jaque al aparato de poder y hace su santa voluntad, mientras el público, usted y yo le reímos las gracias».[5]

Kirk Douglas se había hecho con los derechos de la novela doce años atrás, cuando había interpretado a McMurphy en una producción de Broadway. Nadie quiso hacer el film con él porque lo veían demasiado mayor para el papel. Así que le pasó los derechos a su hijo Michael, que se iniciaba como productor, a cambio de quedarse un porcentaje de los beneficios. Ofrecieron el papel protagonista a Gene Hackman, Marlon Brando y James Caan. Todos lo rechazaron. Entonces entró Jack Nicholson en escena y empezó la locura.

Era la quinta vez que estaba nominado, pero el Gran Jack no se daba por vencido, y estaba allí, sin miedo a volver a quedarse a las puertas de la gloria. Esta vez parecía tenerlo todo de cara. Hollywood ha sentido especial predilección por los tipos torturados, folloneros o chiflados, como era el caso.

El magnífico elenco se completó con actores de la talla (es una forma de hablar) de Danny DeVito, Brad Dourif o Christopher Lloyd, que más tarde se harían populares, pero que ya entonces nos obsequiaron con loables trabajos.

El Oscar a la mejor actriz para Louis Fletcher fue doblemente meritorio. Dis-

5. Juan Manuel Grijalbo (http://www.grijalvo.com/articulos/jl_kesey_alquien_volo_ sobre_el_nido_del_cuco.htm)

Louise fletcher y Jack Nicholson se llevan el Oscar a la mejor actriz y al mejor actor por *Alguien voló sobre el nido del cuco*, en la edición de los Oscars de 1975.

tinguía una interpretación magnífica, pero la actriz también había superado un reto mayor: que los académicos votaran a un personaje (la enfermera Ratched) al que todo el mundo odiaba.

A Ken Kesey no le hizo la menor gracia que ni los guionistas (**Lawrence Hauben** y **Bo Goldman**) ni nadie del equipo se acordara de él en sus discursos. El hombre tenía todo el derecho a molestarse, ya que él era el autor de la novela original sobre la que se articuló esta película extraordinaria. Kensey, figura emblemática del *underground* contestatario norteamericano, se había peleado ya con los productores por haber elegido a Nicholson, que a su juicio «no era apropiado para el papel». Tampoco le gustó nada que Forman eliminara la voz en off del jefe Bromeen, que en el libro es quien explica la historia, y hubiese mantenido que era sordomudo toda la película para revelar sólo al final, y confidencialmente, a su amigo McMurphy, que sólo era una treta para permanecer aislado de los demás. Afortunadamente a Kesey (gran novelista y pésimo guionista) no le dejaron votar y el recuento favoreció a la *troupe* de chalados que perpetraron esta excelsa película. Los muy «cucos» se llevaron el segundo *Grand Slam* de la historia.

El silencio de los corderos

Cómeme el coco, Lecter

La entrada de Billy Crystal en una camilla vertical con la máscara de Hannibal Lecter fue toda una premonición. El guasón maestro de ceremonias remató su delirante parodia del film del año con una frase antológica: «He quedado con alguien de la Academia para cenar esta noche...».

Los chistes de canibalismo hicieron furor ese año. Y la gente rió mucho el *sketch*, seguramente para contrarrestar la desazón que la terrorífica bajada a los infiernos de Clarice Starling causó en toda una generación. El académico film de Jonathan Demme originó gran fascinación por las historias de criminales psicópatas y los complejos métodos de la policía científica para detenerlos. Una tendencia revalidada por *Se7en* y la multitud de propuestas cinematográficas y televisivas nacidas a su sombra.

La recreación de Lecter llevada a cabo por Anthony Hopkins ha sido calificada de magistral. Es tan intensa y magnética que parece omnipresente en toda la película, cuando, en realidad, el actor británico aparece en pantalla poco más de quince minutos (una de las *performances* más escuetas premiadas con el Oscar). Aunque nadie cuestiona a estas alturas el mérito de Hopkins, lo cierto es que el Oscar de aquel año se vendió muy caro. Nada menos que Robert de Niro, Nick Nolte, Robin Williams y Jeff Bridges presentaron sus candidaturas. Como curiosidad, todos sus personajes estaban relacionados con la psiquiatría, lo que confirmaría que aquel 1992 fue un año de locos.

Jodie Foster obtuvo su segunda estatuilla interpretando a una agente

HANDICAP

El film estaba listo a finales de 1990, lo que hubiera jugado a su favor en su periplo hacia los Oscars por la ventaja de su proximidad a las nominaciones (apenas dos meses). No obstante, la distribuidora Orion decidió aplazar su estreno hasta enero para beneficiar a otro de sus films, *Bailando con lobos*, en el que querían volcarse y que a la postre arrasó aquel año. En la siguiente edición, la pesadilla absorbente de Demme-Hopkins-Foster se impuso a otros títulos con el inconveniente de haberse estrenado año y medio antes. Pero los académicos no se olvidaron de ella (de hecho es un film que deja un poso imperecedero) y la película, pese a todo, se llevó el tercer (y de momento último) Oscar Grand Slam.

Anthony Hopkins con su estatuilla al mejor actor por su papel de Hannibal Lecter, en *El silencio de los corderos.*

atormentada por sus pesadillas propias, que es objeto de exploración integral por parte del siniestro Hannibal Lecter y su pérfido juego del *quid pro quo*. Sus encuentros en aquel sótano dantesco, separados por un grueso cristal, no impiden al doctor escrutarla con todos los sentidos (vista, oído, tacto, olfato...) hasta desnudarla emocionalmente. Gracias a estas secuencias hipnóticas –imitadas, plagiadas y parodiadas hasta la saciedad– Demme consigue apresar al espectador más allá de la investigación criminal, que acaba viéndose relegada a un segundo plano.

Una de sus rivales era *La Bella y la Bestia*, un nuevo clásico de Disney que marcó un hito al optar en la categoría a mejor película siendo un film de animación. Curiosamente, la historia de la neófita agente del FBI y el brillante doctor caníbal podría considerarse una exploración de la misma fábula.

Las triunfadoras

Basta ganar el Oscar a la mejor película del año para considerarse vencedora, incluso si es la única estatuilla que el film obtiene. Pero esta vez agruparemos bajo el enunciado aquellos títulos que acumularon 10 Oscars o más a lo largo de la noche, incluyendo el de mejor película. Su aluvión de premios las catapultaron al olimpo de las triunfadoras. Todas ellas fueron, además, enormes éxitos de taquilla y consiguieron los parabienes de la crítica especializada. Muchas películas extraordinarias al enfrentarse a ellas quedaron relegadas a un papel más discreto, pero les queda el consuelo de haber sido derrotadas por dignas competidoras.

THE LORD OF THE RINGS
THE RETURN OF THE KING
DECEMBER 17TH

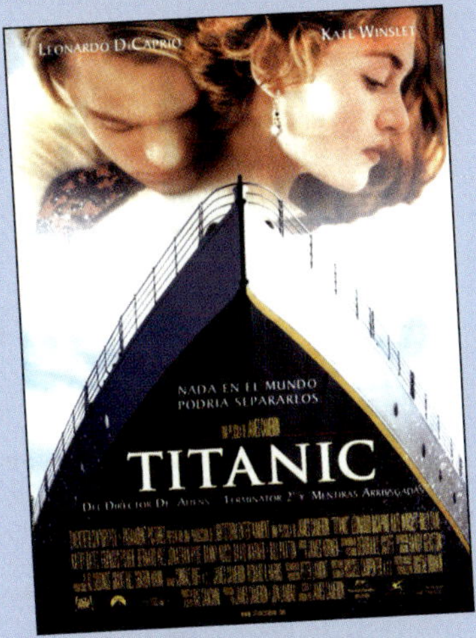
LEONARDO DICAPRIO
KATE WINSLET
NADA EN EL MUNDO
PODRÍA SEPARARLOS
TITANIC

THE ENTERTAINMENT EXPERIENCE OF A LIFETIME!
METRO-GOLDWYN-MAYER
A Tale of the Christ
BEN-HUR
WILLIAM WYLER
CHARLTON HESTON · JACK HAWKINS
HAYA HARAREET · STEPHEN BOYD
HUGH GRIFFITH · MARTHA SCOTT · CATHY O'DONNELL · SAM JAFFE
KARL TUNBERG · SAM ZIMBALIST

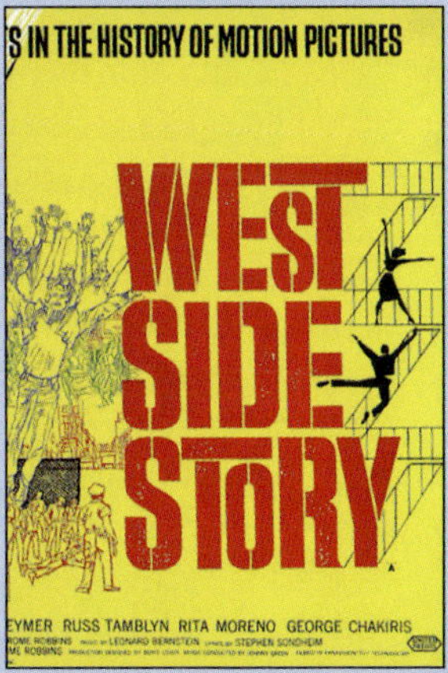
S IN THE HISTORY OF MOTION PICTURES
WEST SIDE STORY
EYMER RUSS TAMBLYN RITA MORENO GEORGE CHAKIRIS

ESDLA: *El retorno del rey*

Colofón espectacular a una trilogía mítica

Todo en *El señor de los anillos* es colosal. Incluso el título de este punto final de la trilogía es el más largo que haya ganado jamás el Oscar, de ahí que lo hayamos abreviado en el encabezamiento para disponer de espacio para hablar de la película.

Aunque empata en número de Oscars con *Titanic* y *Ben-Hur* (11), su primer puesto se debe a que de las tres es la única que ganó todos los premios a la que estaba nominada. Pero además se da la circunstancia de que pertenece a una trilogía única, que ha de considerarse una unidad cinematográfica (así fue planteada y rodada), cuya acumulación global asciende a 17 Oscars (30 nominaciones).

Aunque muchos de los premios fueron de índole técnica y batiese todos los récords, al multiplicar por siete el número de trucajes de una película convencional, sería falso pensar que es sólo un grandioso film de efectos especiales. Es la más ambiciosa adaptación al cine de una obra literaria, con la magnitud que exigía el legado de Tolkien. Y a juicio de espectadores (de cine y DVD), crítica, fans y Academia, el empeño resultó de lo más convincente. Para su *alma mater* (productor, director, guionista y extra ocasional) Peter Jackson esta tercera parte «es la que tiene más trasfondo emocional, y eso es lo que cuenta, más allá del espectáculo y los efectos especiales». Quizás por ello se convirtió en la primera secuela en ganar un Oscar a la mejor película, no habiéndolo conseguido las otras dos partes. Es de suponer que la Academia –ducha en estas maniobras– esperó a que Jackson completase su trilogía para premiarla merecidamente.

Este «academicismo» provocó que la ceremonia fuese un continuo paseo de neozelandeses subiendo al escenario a por sus estatuillas, lo que dio pie a algunos chistes de Billy Crystal, el anfitrión de la noche: «Confirmado: ya no queda nadie en Nueva Zelanda a quien mencionar». Incluso el locuaz Dennis Arcand, cuando recogió su premio al mejor film en habla no inglesa por *Las invasiones bárbaras*, agradeció socarronamente que la película de Jackson no estuviera en su categoría.

Oscar 2003 a mejor película, director, guion adaptado, banda sonora (doblete de Howard Shore, que también ganó por la primera entrega), canción original, montaje, maquillaje… hasta un total de 11.

La laboriosa y exigente caracterización de Andy Serkis como Gollum fue ignorada por la Academia por culpa de una normativa obsoleta.

GOLLUM

El hallazgo visual de la trilogía. Los productores activaron una campaña para promocionar a Andy Serkis (el actor detrás del personaje) para que fuese nominado al Oscar como secundario. Las reglas de la Academia lo impidieron, pues no se aceptan candidaturas de intérpretes que no aparecen en pantalla o cuya imagen haya sido generada por ordenador. Salta a la vista que Gollum es algo más que un efecto digital, un ente improbable de no ser por el talento y sacrificio de Serkis, que pasó dos años entregado a la composición del personaje. La Academia debería adaptarse a la evolución de las nuevas tecnologías, como ya hizo la MTV nominando a Ellen DeGeneres por poner la voz a un dibujo animado (Dori, en *Buscando a Nemo*).

Titanic

La nave presuntuosa que no naufragó

Contrarió que James Cameron emulara al héroe de su película y, cargado con los Oscars que había acumulado esa noche, gritara desquiciado: «¡Soy el rey del mundo!». La catarsis tenía su razón de ser: el artífice del film más taquillero de todos los tiempos había renunciado a su sueldo y porcentaje de beneficios para que los productores le dejasen acabar a su manera una película cuyo presupuesto se le había ido de las manos.

Como es bien sabido, no sólo se sobrepuso a un posible naufragio económico, sino también a las necias acusaciones de incorrección histórica de la que fue objeto. Cameron fue muy detallista durante todo el proceso; incluso encargó la fabricación del gigantesco barco-plató a las mismas empresas que construyeron el *Titanic*. Pero quería brindarnos una historia totalmente inventada, la del romance de Jack y Rose, que, de hecho, articula el argumento y mantiene viva la película en sus tres largas horas. Precisamente por su énfasis en los personajes llama la atención que ningún intérprete se llevase un cachito de gloria; ni la pomposa Gloria Stuart, una presencia histórica por muchos motivos (con ochenta y siete años, era la persona más anciana que aspiraba a un Oscar), ni su compañera Kate Winslet (por interpretar al mismo personaje de joven), ni Leonardo DiCaprio –quien le «robó» el papel a Mathew McConaughey, a Christian Bale y a... ¡Macaulay Culkin! (*¿Sólo en popa 4?*)–, que ni siquiera fue nominado.

Porque no fue la espectacular secuencia del hundimiento lo que ha pasado a la historia, sino algunos instantes sencillos: el grito que repitió el director en la gala es emulado en *Polar Express*, cuando subido en un tren a toda marcha Tom Hanks exclama: «¡Soy el rey del Polo Norte!». Pero la secuencia en la que Jake sujeta a Rose por la cintura en la proa del barco mientras ella abre los brazos y recibe en su rostro la brisa marina es ya un pasaje antológico, que muchos han homenajeado o parodiado.

Circula por internet el (falso) *trailer* de una supuesta secuela de *Titanic* en la que rescatan el cuerpo congelado de Jake Dawson. Tras un elaborado proceso de descongelación, Jake despierta en un mundo donde todo lo que conocía ha desaparecido y debe sobrevivir superando la pérdida de su amada Rose, fallecida a una edad centenaria. La pieza, elaborada con ingenio y maestría a partir de imágenes de otros films de DiCaprio, es una pequeña joya cinéfila.

James Cameron con sus tres estatuillas como director, productor y montador de *Titanic.* El film también ganó el Oscar a la mejor película, banda sonora, canción, fotografía... hasta 11 de 14 nominaciones, igualando el récord de *Eva al desnudo.*

«MY HEART WILL GO ON»

El director no quería incluir canción alguna, ni siquiera en los créditos finales de la película. Pero James Horner, a quien Cameron había encargado la banda sonora, compuso en secreto un tema y llamó a Celine Dion para que lo cantara. Luego se lo presentaron a Cameron y éste accedió a incluirlo. No les salió mal. La canción ganó su propio Oscar y se vendieron millones de copias, convirtiéndose en un clásico cinematográfico.

Ben-Hur

Mantuvo cuarenta años el récord de 11 estatuillas

Como *El señor de los anillos*, adapta una obra literaria de alcance universal (en este caso la célebre novela de Lewis Wallace). Al igual que *Titanic*, fue comparada con versiones anteriores (en concreto con un film mudo y en rudimentario technicolor de excelente factura).

Los vínculos con la versión de los años veinte, protagonizada por una estrella de la época, el mexicano Ramón Novarro, iban más allá del argumento: William Wyler, el director de ésta, había sido ayudante de dirección de Fred Niblo en la otra. Ambas incluyen la mítica secuencia de la carrera de cuadrigas que películas posteriores no se resistieron a recrear, como *La amenaza fantasma*, de George Lucas, o *Gladiador*, de Ridley Scott. Esta última presenta ciertos paralelismos con la película de Wyler: son obras emblemáticas del llamado *peplum*, las dos obtuvieron 12 nominaciones al Oscar y ambas ganaron el de mejor película y actor protagonista.

Barajadas las opciones del atlético Burt Lancaster y el blando Rock Hudson, apostaron por el término medio y contrataron a Charlton Heston. Se cuenta que no se tomó el papel en serio hasta que el director usó la argucia de comparar su profesionalidad con la de otros actores del elenco. Su Oscar fue el más sorprendente de la noche, porque para algunos críticos –que ya se sabe que no votan– se limitaba a «lucir pectorales y conducir carros», algo que tampoco es que se le diera mal, como demostró en otras películas. Sus rivales eran de envergadura: James Stewart, por *Anatomía de un asesinato*, Paul Muni, Lawrence Harvey y un Jack Lemmon soberbio en *Con faldas y a lo loco*. Pero como «nadie es perfecto», Lemmon se quedó sin premio y Heston se llevó la estatuilla para colocarla junto a su colección de rifles.

La apuesta por Charlton funcionó, aunque hubiera sido un error de *midcasting* que Leslie Nielsen, atolondrado detective de la saga *Agárralo como puedas* y otros disparates menos honrosos, hubiera acabado interpretando al maquiavélico Messala, como nos revela un impagable extra de la edición en DVD.

Entre preparativos y rodaje, la producción de *Ben-Hur* se prolongó cinco años, pero supuso un éxito sin precedentes para MGM y atesoró los mejores elogios, como el que John Ford formuló sobre su colega: «A William Wyler no se le podía persuadir de que la perfección era inalcanzable».

JESÚS

El formato panorámico, los fastuosos decorados, la espectacularidad visual y el arrebato sonoro de Miklós Rózsa no disimulan el trasfondo religioso de *Ben-Hur*. El itinerario de Judah se traza paralelo al de Jesús de Nazaret, cuyo rostro Wyler nunca nos muestra. Con él tiene varios encuentros que determinan su vida. Este eje vertebrador que Wallace pretendió en su novela lo reconoció en su día el *New York Times* al definirla como «la más conmovedora película de ficción bíblica jamás filmada».

**Otra extraordinaria secuencia: la de las galeras. Una prodigiosa recreación que, a pesar de sus múltiples anacronismos, consigue atraparnos.
Oscar 1959 a la mejor película, dirección, actor, actor de reparto, fotografía, banda sonora... hasta un total de 11.**

West Side Story
Quiero vivir en América

De seguir vivo, William Shakespeare sería el guionista más premiado de la historia, pues sus obras han servido de inspiración a cientos de películas de todo pelaje. La más famosa traslación a la pantalla de su *Romeo y Julieta* fue este soberbio musical con partitura de Leonard Bernstein que previamente ya había conquistado Broadway.

Uno de sus 10 Oscar fue a parar a la dirección bicéfala de Jerome Robbins, que planificó las coreografías, y Robert Wise, que se encargó del resto, hasta que Robbins fue despedido y tuvo que terminar la película en solitario. El famoso coreógrafo –que había dirigido la versión teatral– tenía fama de perfeccionista y traía de cabeza a los bailarines, a los que sometía a ensayos inclementes y excesivos. Aunque muchos se quejaron de las numerosos lesiones que padecieron por el sobreesfuerzo, lo cierto es que la exigencia formal benefició mucho a la película. Robbins pagó un precio muy alto por ello, ya que fue apartado del proyecto al considerar el estudio que su obsesión por mejorar las tomas una y otra vez se estaba cargando el plan de rodaje y el presupuesto.

Se partía de un idea interesante: la del amor por encima de las murallas sociales (*Amor sin barreras* es su subtítulo en castellano). El primer borrador pretendía sacar jugo del contraste religioso, haciendo que los amantes fuesen un católico irlandés y una chica judía. Pero el acierto fue situar la historia en el contexto de las bandas juveniles de Nueva York y sustituir la traba familiar original por el conflicto étnico, tan relevante en aquellos días de inmigración puertorriqueña y emergente xenofobia.

Precisamente los dos intérpretes de esta nacionalidad, George Chakiris y Rita Moreno, consiguieron sus estatuillas en la categoría de intérpretes de reparto. Podría sorprender, no obstante, que Tony y María, los dos personajes principales, no fueran tenidos en cuenta en las nominaciones. Es probable que el «detalle» de que tanto Richard Beymer como Natalie Wood fuesen doblados en las canciones, al tratarse de un musical, jugase en su contra.

Ambos habían conseguido los papeles porque los intérpretes originalmente previstos no pudieron hacer la película. Elvis Presley dejó pasar el proyecto por consejo de su agente, al que tras el éxito abrumador del film no dudó en despedir (dicen que con terribles amenazas). Natalie Wood acompañó a su novio Warren Beatty a la prueba que éste hizo para el protagonista. Natalie dio la réplica a Warren, los productores se fijaron en ella y, como Audrey Hepburn se había quedado embarazada y no podía rodar, acabaron contratándola.

QUE NO PARE LA MÚSICA

En su segunda edición, los Oscars premiaron *Melodías de Broadway*, considerado el primer musical cinematográfico. Después llegaron *El gran Ziegfeld* (1936) y *Un americano en París* (1951). Error imperdonable que *Cantando bajo la lluvia*, seguramente el musical más inspirado y redondo de todos los tiempos, no figure en esta prestigiosa lista ni como nominado. Sí lo hacen *Gigi*, que en 1959 logró la cifra récord de nueve estatuillas, y *My fair lady* (ocho en 1964). Al año siguiente las *Sonrisas y lágrimas* de Julie Andrews triunfaron con cinco premios. Los mismos que consiguió *Oliver!* en 1968. Tuvieron que pasar veinticuatro años para que *Chicago* volviese a poner al musical en la onda de Tío Oscar, que tras un amago con *Dreamgirls* (dos Oscars en 2006) parece haber proscrito su sensibilidad melómana.

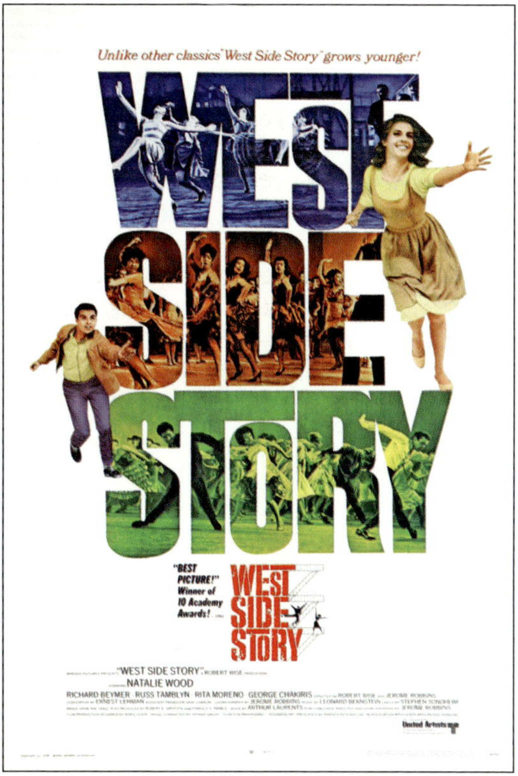

Cartel de *West Side Story*, la más famosa adaptación para el cine de *Romeo y Julieta* de Shakespeare.

Lo que el viento se llevó

Para empezar: 10 Oscars

Cuando empezó el rodaje quedaban cabos sueltos. Como decidir si en la famosa secuencia de los heridos se iban a contratar a cientos de extras o utilizar muñecos con algunos figurantes estratégicamente distribuidos para dar el pego (como así fue). Tales flecos no preocupaban al estudio tanto como la «minucia» de que aún no habían contratado a ninguna actriz para hacer de Escarlata O'Hara, la protagonista.

Todas las aspirantes se habían caído: Bette Davis lo había rechazado. De Paulette Goddard tuvieron que prescindir porque su relación con Chaplin había soliviantado a los moralistas. Lana Turner, Susan Hayward, Jean Arthur... El papel de la heroína del *best seller* de Margaret Mitchell parecía maldito. David O. Selznick había soltado una pasta por los derechos (50.000 dólares de la época), pero llevaba casi el doble invertido en un cásting inusitado para encontrar a la actriz ideal, que a su juicio convenía que fuese una desconocida. Por uno de esos retruécanos tan cinematográficos, la fueron a encontrar casi por casualidad. Se llamaba Vivien Leigh y era pareja sentimental del reputado actor británico Laurence Olivier.

Cartel de *Lo que el viento se llevó.*

La de Rhett y Scarlett no es una historia de amor al uso. Ella está (caprichosamente) enamorada de otro personaje, rechaza varias veces a Butler y recurre a él sólo por interés. Cuando él le manifiesta su amor tras el incendio y quiere besarla, ella se resiste. Aunque acaban casados, su matrimonio se descompone por una tragedia familiar... Y al final él acaba abandonándola con un contundente aunque no literal «me importa un bledo».

Gable y Leigh mantuvieron durante el rodaje una tensión similar a la de sus personajes. Se cuenta que él solía masticar cebolla antes de las escenas en que se besaban para fastidiarla; de

Según la leyenda, Clarke Gable masticaba cebolla antes de besar a Vivien Leigh para importunarla.

modo que los mohínes de repulsa y hastío por los que la actriz consiguió su Oscar son mérito atribuible, en parte, a «el Rey». Aunque se alegró muchísimo por el reconocimiento a su gran amiga Hattie McDaniels (véase «No hay color», pág. 72), Gable sufrió una enorme decepción al no llevarse el Oscar que creía merecer. Como consuelo, su Rhett Butler permanece como un referente indestructible de la iconografía cinematográfica mientras que sólo los muy cinéfilos recuerdan al Mr. Chips de Robert Donat, el ganador.

B.S.O.

La música de cine ha sido menospreciada por los puristas relegándola a un papel funcional, meramente ilustrativo, de segunda fila. Pero lo cierto es que para la cultura popular las bandas sonoras suponen el prodigio de la evocación unida al recuerdo instantáneo. A la mayoría de los mortales no melómanos les será difícil diferenciar entre una sinfonía de Prokofiev y otra de Mahler. Pero serán muy pocos los que no identifiquen una película en cuanto empiece a sonar su tema principal. Y de entre todas las partituras, la de Max Steiner para la película de Víctor Fleming es, junto al silbidito de *El puente sobre el río Kwai*, la que se lleva la palma. La palma sí, pero el Oscar fue a parar aquel año a *El mago de Oz* y su «Over the rainbow».

Derrota amarga

Puede parecer una redundancia. ¿Qué derrota no lo es? Pero lo son más desde que la Academia abrió su fiesta a las cámaras y se instauró la práctica –y luego deporte nacional– de mostrar las caras de los nominados en el momento en que descubren que han perdido.

Uno de los mayores palos se los llevó Steven Spielberg. Duele mucho ir acumulando todo tipo de premios (incluido el de mejor del gremio de directores de tu país), llegar a la fiesta donde los compañeros te dan su beneplácito y descubrir que tras sus caras sonrientes y palmaditas en la espalda hay papeletas con el voto entregado a otro candidato. Le ocurrió con *El color púrpura* (11 nominaciones y a casita de vacío).

Otro que tal fue Stanley Kubrick. De *Barry Lyndon* cabía esperar un patinazo, pues fue tildada de efectista, elitista y similares epítetos terminados en «ista». Con todo, el film obtuvo cuatro premios menores. Pero los tres grandes a los que aspiraba el maestro británico (película, director y guión) fueron a parar al *Nido del cuco*. Debió de importarle bien poco, pues tenía asumido su papel de *outsider*.

El caso de Martin Scorsese clama al cielo. Empezó en 1981, cuando aquella joya del séptimo arte llamada *Toro salvaje* se llevó sólo dos de los ocho Oscars a los que aspiraba (ninguno para el director). El chasco lo propició un novato tras la cámara con un dramón de estar por casa: Robert Redford.

Prosiguió con otras tres nominaciones en sólo seis años (la media del imbatible William Wyler). *La última tentación de Cristo*, *Uno de los nuestros* y *La edad de la inocencia* acumularon 12 nominaciones (cuatro de ellas para Martin) y sólo obtuvieron dos premios de consolación.

De poco le valió al director italoamericano su alianza simbiótica con una de las incuestionables estrellas de la actualidad, pues aúna talento interpretativo, carisma y taquilla: Leonardo DiCaprio. Juntos levantaron proyectos muy personales, quizás sobredimensionados y, en consecuencia, fallidos, pero cine de mucho quilates. Su trilogía de la frustración la conforman *Gangs of New York*, *El aviador* e *Infiltrados*. Con la primera, sufrieron un severo –y desmedido– correctivo (o de 10). Los cinco Oscars menores del *biopic* de Howard Hughes no hacían sino maquillar una noche aciaga. *Infiltrados* trajo, ¡por fin!, la consagración para ambos, que lograron sus primeras estatuillas. Pero, pese al triunfo, puede adivinarse en la men-

Martin Scorsese, por fin, con su Oscar. Se lo entregaron sus amigos y también cineastas oscarizados Francis Ford Coppola, Steven Spielberg y George Lucas.

te del maestro Scorsese un cierto regusto amargo, porque habiendo dado sobradas muestras de talento, valentía y originalidad en tantos films personales ver premiada tu labor como director del *remake* de un film coreano, con gran parte de la planificación calcada, debe de saber a victoria descafeinada. Y lo mismo debe de ocurrirle a DiCaprio, un actorazo como la copa de un pino desde su adolescencia, con composiciones brillantes, mezcla exquisita de pasión y contención, que fueron ninguneadas repetidamente.

CERO PATATERO

Otras películas humilladas en una ceremonia que se postulaba como la gran noche, fueron: *Paso decisivo* (11 nominaciones), *Vidas borrascosas* y *La loba* (nueve), *Quo Vadis?*, *Ragtime*, *El hombre elefante*, *Lo que queda del día* (ocho)... Todas ellas terminaron la velada en blanco.

¡Esto se anima!

Los dibujos también ganan

El romance de Walt Disney con el Oscar se remonta a sus inicios. Arrancó en 1932, con la concesión de un premio honorífico por la creación del personaje de Mickey Mouse, y alcanzó la cifra de 26 estatuillas, la mayor cantidad acopiada por una sola persona.

Un buen número de estos premios los consiguió como productor de cortometrajes animados, pero algunos también fueron a parar a producciones de imagen real y documentales. Además, la Academia tuvo a bien recompensarle con cuatro más de carácter honorífico: aparte del ya citado por Mickey Mouse, distinguieron su atrevimiento e innovación en el ámbito de la animación por producir el primer largometraje de dibujos en Technicolor de la historia. La empresa de sacar adelante *Blancanieves y los siete enanitos* fue calificada por sus coetáneos de locura, ya que estuvo a punto de llevarle a la ruina. Pero cuando el film se estrenó tras una titánica producción de casi tres años, Disney asombró al mundo, dio el pelotazo en la taquilla mundial y acalló todas las críticas.

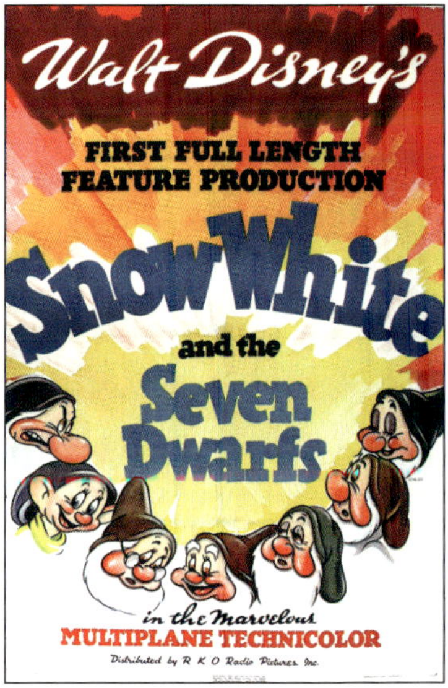

Cartel de *Blancanieves y los siete enanitos*.

El cuento de los hermanos Grimm fue el primero de una larga colección de clásicos que incluyen *El libro de la selva*, *Pinocho*, *Cenicienta* o *Fantasía*. Por el riesgo comercial que supuso esta última, elaborada sin argumento troncal a partir de obras musicales de Bach o Beethoven, fue galardonado con otro Oscar honorífico en 1942. Cincuenta años más tarde, y tras una etapa de crisis en la que la calidad de sus films fue puesta en entredicho, Disney –cuyo fundador había fallecido en 1996– sorprendió de nuevo con una joya animada que resultó nominada a mejor película. Con *La bella y la Bestia* por primera vez en la historia de los premios un film de animación competía en esta categoría.

Fruto de las contribuciones técnicas y artísticas de Disney y la aparición de otros estudios que utilizaban el potencial de los ordenadores para producir films tanto en animación clásica como en 3-D, la Academia decidido incluir una nueva categoría en los Oscars: la de mejor película de animación. Ni aun así consiguió Disney el Oscar para uno de sus largometrajes, aunque sí Pixar, afiliada primero y adquirida después por la corporación. Pixar Animation Studios es la compañía en 3-D que realizó el primer largometraje comercial totalmente creado por ordenador: *Toy Story*. Este logro técnico fue respaldado por la Academia al concederle un Oscar especial, pero desde el punto de vista artístico la película dirigida por John Lasseter está considerada una de las mejores de la década. Hasta la fecha, el talentoso equipo de *Pixar* lleva acumulados ocho Oscars de la Academia, tres de ellos a la mejor película de animación por *Buscando a Nemo* (2003) y *Los increíbles* (2004) y *Ratatouille* (2007).

El resto de ediciones el premio ha estado muy repartido: *Shrek* (Dreamworks), *El viaje de Chihiro* (animé japonés), *Wallace & Gromitt: la maldición de las verduras* (con sello inglés de Aardman) y *Happy Feet* (del australiano George Miller). Es como si los académicos quisieran reconocer tácitamente la enorme variedad de las propuestas actuales en cine de animación.

Walt Disney es la persona que más veces ha estado nominado (59) y que más Oscars ha ganado (26). Tiene, además, el récord de estatuillas consecutivas, con ocho entre 1932 y 1939 en la categoría de cortometrajes.

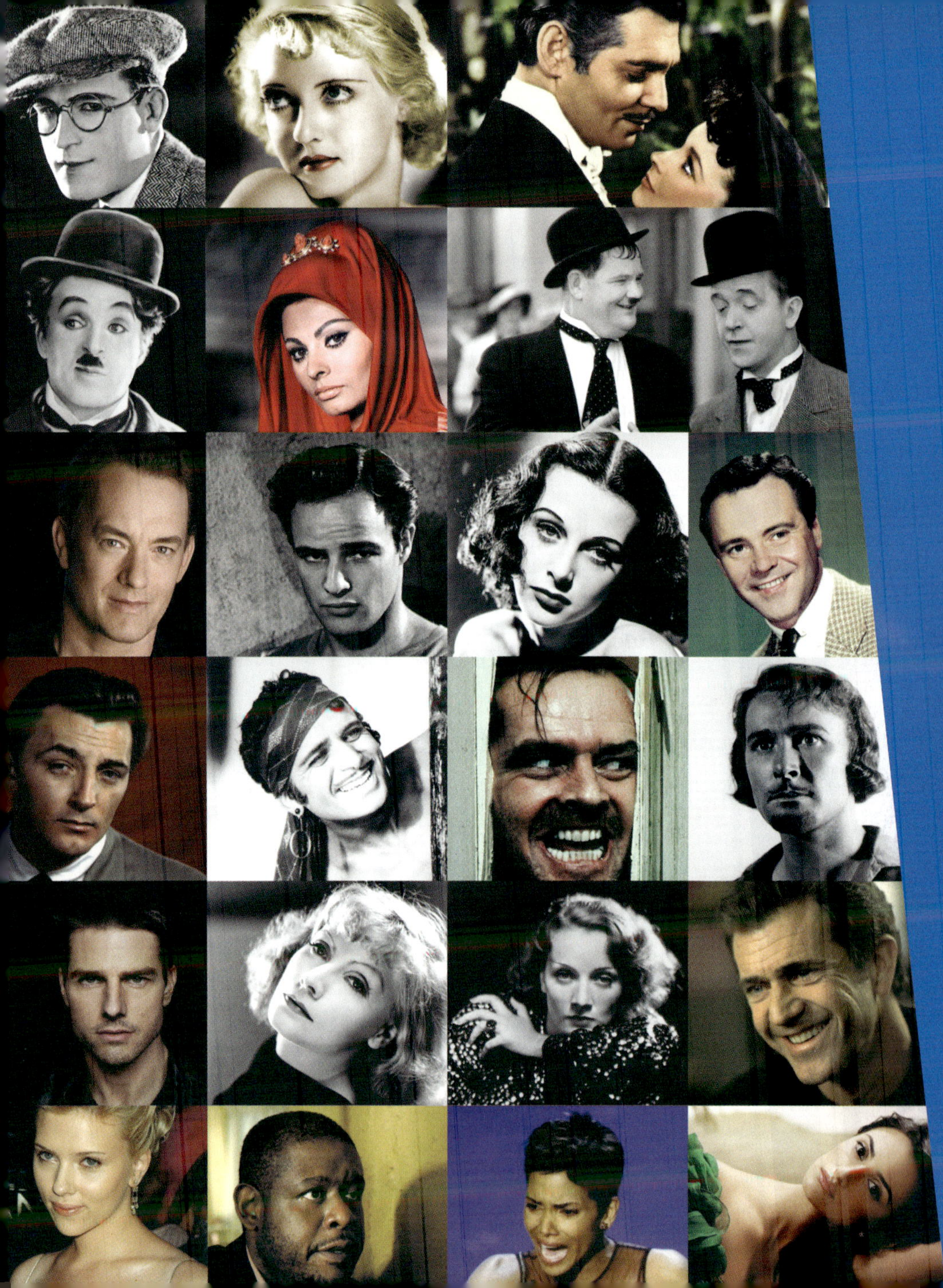

3 Los intérpretes

Resulta imposible en un libro como éste dar cabida a todos aquellos nombres ilustres que han conseguido con su talento, perseverancia y, en algún caso, un poco de chiripa el premio de la Academia. Tampoco queríamos excluir a los que fueron olvidados en su momento o tuvieron la mala suerte de hacer el papel de su vida el mismo año en que otros hacían lo propio y les birlaban su momento de gloria. La primera selección ha sido imperativa e imparcial, tomando como referencia el número de premios y nominaciones acumulados.

A continuación, se exponen algunos casos extraordinarios o dignos de mención por su relevancia coyuntural.

«Hay mujeres y luego está Kate»[6]

Cuesta creer que «la flaca» fuera considerada durante un tiempo «veneno de la taquilla», porque consiguió su primera estatuilla ya en su tercer película y sólo con veinticuatro años. Su marca de cuatro premios de la Academia no ha sido igualada por ninguna otra intérprete. Claro que esto de los Oscars no es una ecuación lógica: ahí tienen a Meryl Streep.

Pero Kat es el paradigma que lo constata: sus míticos papeles en *La Reina de África*, *Historias de Filadelfia*, *La costilla de Adán* o *La fiera de mi niña* no tuvieron la recompensa del hombrecillo dorado. Quizás por ello la que fue considerada Primera Dama del cine americano no estuvo presente en las galas donde sí se le reconoció su desbordante talento.

Para interpretar a Eva Lovelace en *Gloria de un día*, Katharine echó mano de su experiencia en Broadway. La historia de una joven que aspira a convertirse en la mejor actriz del mundo triunfando en los escenarios de Nueva York resultó premonitorio de su propia carrera. Hepburn ganó el premio no sin cierta polémica, ya que se la consideraba demasiado joven e inexperta. Tampoco su carácter fuerte y arisco de entonces despertaba muchas simpatías, por lo que empezaron a llamarla «la arrogante».

Adivina quién viene esta noche fue su reencuentro con el Oscar, tras treinta y cuatro años de brillante carrera y ocho nominaciones. *Shorty*, uno de los apodos con que Tracy la rebautizó, no sólo no acudió a recoger su Oscar, sino que se negó a ver la película una vez terminada, porque Spence había fallecido pocos días después de concluir el rodaje.

KATE & SPENCE

Katharine protagonizó nueve películas junto a Spencer Tracy. La pareja (fueron amantes durante treinta años) se consolidó como una de las más brillantes de la pantalla. Nutrían sus personajes con la complicidad de su vínculo afectivo y enriquecían los diálogos –no siempre tan brillantes como ellos– con un amplio repertorio de guiños y simpáticas expresiones gestuales que los hicieron memorables.

6. Frank Kapra.

Con su intenso rol de *Leonor de Aquitania*, la esposa repudiada de Enrique II (Peter O'Toole), Hepburn protagonizó uno de los escasos empates en la historia de la Academia: compartió Oscar con Barbra Streisand, que lo ganó por Funny Girl.

En el estanque dorado era una de esas películas que «olían a Oscar». El frágil estado de salud de Henry Fonda, que moriría poco después, acrecentaba sus opciones de hacerse con un premio que le había sido esquivo toda su carrera, y que la Academia había intentado compensar con un premio honorífico el año anterior. Fonda y Hepburn bordaron sus interpretaciones de Norman y Ethel Thayer y Kat volvió a alzarse con el Oscar convirtiéndose en la única actriz hasta el momento que lo ha ganado cuatro veces; todas ellas, además, como protagonista. Sin duda, como así lo reconoció el American Film Institute: la mayor leyenda de la pantalla americana de todos los tiempos.

Tracy-Hepburn una de las parejas cinematográficas más compenetradas.

El Gran Jack

Nicholson es una referencia, no sólo en Hollywood, sino en la ceremonia de los Oscars, donde es la cara más buscada por los realizadores. Cuando no está en el escenario entregando alguna estatuilla nos lo muestran en su privilegiado asiento (siempre en las primeras filas). Se le ve disfrutar como un niño en una fiesta de la que se siente siempre protagonista. A pesar de sus magistrales papeles de personajes desagradables es un tipo entrañable. Por eso todo el mundo quiere a Jack.

Tras unas cuantas nominaciones Nicholson consiguió la estatuilla por su creación de Randle Patrick McMurphy, un ex combatiente de Corea que finge estar psíquicamente desequilibrado para eludir una condena. Al poco tiempo de ser recluido en un manicomio empieza a plantar cara a la estirada enfermera-jefe, animando a los otros internos a rebelarse por el trato inhumano que reciben.

Producido por Michael Douglas, *Alguien voló sobre el nido del cuco* ganó cuatro Oscars más, convirtiéndose en el primer film que lograba un *grand slam* (véanse págs. 26 y ss.) en cuarenta y un años. Jack trajo suerte a su compañera de reparto, la desconocida Louis Fletcher, que también ganó el Oscar por su rol antagonista de McMurphy, la estricta e inmisericorde enfermera Ratched.

En *La fuerza del cariño* obtuvo el Oscar al mejor actor secundario. Garret Breedole es un astronauta jubilado que vive en la casa de al lado de Aurora (Shirley McLaine). Su rol en este melodrama de James L. Brooks es precisamente el de alivio cómico. Nicholson sale poco, pero cada vez que aparece la película se abre como una flor con la llegada de la aurora. El picaruelo astronauta jubilado adereza de alegría y romanticismo la amuermada existencia de la madre-suegra-abuela-viuda con la que Shirley McLaine ganó su propio Oscar. Y cuando la tragedia los alcanza, Garrett asume el papel de ángel de la guarda que mantiene unida a la familia.

Melvin Udall es, posiblemente, uno de los personajes más desagradables que se han escrito para la pantalla. Y Nicholson lo borda de tal manera que da la impresión de que se interpreta a sí mismo. La filmografía de este actor soberbio, repleta de personajes violentos, turbios o lunáticos, ha llevado a pensar que Nicholson es también así, y que por ello le resulta fácil recrearlos. Pero fuera de las pantallas, el Gran Jack aparca su histrionismo y se distingue por su ternura y amabilidad, matices con los que enriquece sus

Nicholson es una referencia, no sólo en Hollywood, sino en la ceremonia de los Oscars, donde es la cara más buscada por los realizadores.

creaciones. Como la de Melvin Udall, quien a pesar de sus manías insoportables y corrosivos comentarios («¿Cómo consigue describir a la mujer?», le pregunta una fan suya. «Pienso en un hombre y le quito la responsabilidad y la sensatez», contesta Udall), evoluciona a lo largo del film hasta ganarse el corazón del perrito, el vecino homosexual y, por último, el de la chica... ¡Quién no caería rendida ante un hombre que confiesa: «¡Tú haces que quiera ser mejor persona!». Se metió en el bolsillo al público y a los académicos, que premiaron su interpretación con ese tercer Oscar que lo ha encumbrado a lo más alto.

EL TALISMÁN

Todos (y todas) quieren trabajar con Jack Nicholson. No sólo por su magnífico talento, sino porque trae suerte al resto del equipo. Siempre que Jack ha ganado un Oscar, sus compañeras de reparto (Louis Fletcher, Shirley McLaine y Helen Hunt) se han llevado también el premio.

Siempre nos quedará Ingrid Bergman

Actriz sueca, formada en el Royal Dramatic Theatre de Estocolmo. Inolvidable Ilsa en la mítica *Casablanca*, papel por el que ni siquiera estuvo nominada al premio de la Academia. Trabajó con Hitchcock en dos películas: *Recuerda* y *Encadenados*, donde sus memorables papeles tampoco obtuvieron el reconocimiento del Oscar.

Su compañero de reparto Cary Grant dijo una vez: «Sólo hay siete estrellas de Hollywood capaces de motivar a los grandes financieros a invertir en una película, y la única mujer de esta lista es Ingrid Bergman». Su grandeza también era física, de modo que muchos de sus *partenaires* de la pantalla, como Humphrey Bogart, tuvieron que ponerse alzas para quedar a su altura.

Obtuvo su primer Oscar por el papel de Anna Koreff, la princesa Anastasia, en el film del mismo título dirigido por Anatole Litvak en 1956. En aquella ocasión se impuso a Carroll Baker, Nancy Kelly, Katharine Hepburn y Deborah Kerr. Esta última se había ganado la nominación por *El rey y yo*, que coprotagonizó con Yul Bryner, precisamente el mismo compañero de reparto de Bergman en *Anastasia*).

Su segundo Oscar le llegó por la atormentada Paula Alquist, una mujer torturada por un marido infame (Charles Boyer) en *Luz que agoniza*. Sus rivales esta vez fueron cuatro pesos pesados: Barbara Stanwick, Bette Davis, Greer Garson y Claudette Colbert.

Por su personaje de la misionera sueca Greta Ohlsson, sospechosa de asesinato en la traslación a la pantalla del clásico de Agatha Christie *Asesinato en el Orient Express*, Ingrid logró su tercera estatuilla, esta vez como actriz secundaria.

CON OTROS ACENTOS

También procedente de Europa, el suizo Emil Jannings pasó a la historia como el primer actor que consiguió un Oscar. En aquella primera edición de 1928 se premiaron películas mudas, por lo que el nefasto acento inglés de Jannings no jugó en su contra, cosa que sí ocurrió poco después, con la llegada del sonoro, que obligó al actor a regresar a Europa, porque sus diálogos resultaban ininteligibles.

La actriz italiana Sophia Loren fue la primera y única actriz en ganar la estatuilla hablando en italiano (*Dos mujeres*); su compatriota, el payaso Roberto Benigni, también lo logró en su propio idioma (*La vida es bella*). ¡Menudo *show* montaron los dos aquella

Para el productor David O. Selznick, Ingrid tenía «esa extraña cualidad de pureza y nobleza tan raro de ver en una gran estrella».

noche! Por su parte, Benicio del Toro fue el primer intérprete que lo obtuvo hablando en español (*Traffic*).

Otros intérpretes nominados en los últimos años por personajes que hablaban en otros idiomas han sido: Ken Watanabe (*El último samurai*) y Rinko Kikuchi (*Babel*), en japonés, y Catalina Sandino Moreno (*María llena eres de gracia*), Adriana Barraza (*Babel*) y Penélope Cruz (*Volver*), en español.

Walter Brennan, el amigo leal

Tiene tantos Oscars como Jack Nicholson (tres), pero aparece más abajo en las listas, porque todos fueron como actor de reparto. Ganó el primero en 1936, año en que se estrenaba esta categoría. Es, por tanto, «el secundario», uno los más entrañables y camarada insobornable de Gary Cooper, John Wayne y Humphrey Bogart en la pantalla.

Su dentadura es la más famosa de Hollywood, después de la del tiburón de Steven Spielberg. Se cuenta que John Ford quería rechazarlo para un papel porque era demasiado joven, a lo que Brennan reaccionó quitándose la dentadura postiza que llevaba desde que perdió los dientes en un accidente y envejeció de golpe los años que precisaba su personaje. Ford lo contrató de inmediato. Otro grande del *western*, Howard Hawks, convirtió esa dentadura postiza en un célebre *running gag* rodando *Río Rojo*: Brennan se la apostaba con un indio y perdía, por lo que se pasaba toda la película pidiéndola prestada para poder comer.

Los Oscars de este irrepetible actor estuvieron bajo sospecha, pero no por ninguna ilegalidad, sino porque en aquellos años se permitía que los figurantes votasen en casi todas las categorías. El pasado de Brennan, que había empezado en el cine ganándose cinco dólares por hacer de extra, provocaba la empatía del colectivo y en consecuencia el aluvión de votos a su favor. Años más tarde, por razones obvias, este sector fue excluido de las votaciones y Brennan no volvió a ganar otro Oscar, lo cual no significa que no lo mereciera. Muy al contrario. Pero sus estupendas interpretaciones de borrachín en *Río Bravo*, *Juan nadie* o *Tener y no tener* pasaron inadvertidas a ojos de la Academia.

Brennan, ganador del Oscar como secundario por *Rivales*, *Kentucky* y *El forastero*.

Su Oscar más notorio es el que logró interpretando al legendario Juez Roy Bean en *El forastero*, quien gracias a la mediación de Gary Cooper consigue conocer en persona a su particular Dulcinea, la hermosa Lily Langtry.

John Wayne y Walter Brennan en *Río Rojo.*

¿SECUNDARIOS?

Brennan es el paradigma del actor de carácter, testigo retomado por habituales «robaplanos» como Gene Hackman, Morgan Freeman o Christopher Walken.

Hackman ha sido nominado cinco veces (*Bonnie & Clyde*, *I never sang for my father*, *Arde Mississippi*...). Ganó el Oscar al mejor actor por su legendario Popeye en *French Connection (Contra el imperio de la droga)* y al mejor secundario por *Sin perdón*.

Freeman logró su único Oscar también en un film de Clint Eastwood, *Million Dollar Baby*, por lo que el fundador de Malpaso se convierte en director talismán para ambos. Pero este sólido actor de carácter también nos regaló extraordinarias composiciones; algunas de ellas reconocidas con una nominación (*Cadena perpetua*, *Paseando a Miss Daisy* y *El reportero de la calle 42*), y otras, no (*Se7en*, *Robin Hood, príncipe de los ladrones*, *Danny the dog*...)

Walken ganó con su primera nominación por *El cazador*, y pese a haber mantenido siempre un altísimo nivel interpretativo (*Pennies from Heaven*, *La zona muerta*, *Amor a quemarropa*...), no volvió a estar nominado hasta un cuarto de siglo después por *Atrápame si puedes*.

Otros actores de carácter memorables: Henry Stephenson, «Cuddles» Sakall, Edward E. Horton... Ninguno de ellos fue nominado jamás.

Meryl Streep

Nomíname otra vez

Esta admirable actriz ha sido nominada ¡14 veces!, lo que dice mucho de su talento interpretativo; aunque sólo ha ganado dos Oscar, lo que también dice mucho del sentido de la «ecuanimidad» de los académicos.

***La decisión de Sophie*, primer film con el que Meryl Streep consiguió un Oscar.**

Siendo una institución (a la altura de una Katharine Hepburn) «la Streep» puede llevar la cabeza bien alta por haber perdido ternas frente a monstruos de la interpretación como Susan Sarandon (*Pena de muerte*), Kathy Bates (*Misery*) o la propia Hepburn (*En el estanque dorado*). En otros casos (Cher por *Hechizo de luna*, Hillary Swank por *Boys don't cry*, Gwyneth Paltrow por *Shakespeare in Love*)... debe de haberle costado más aceptar la derrota. De cualquier modo, nunca ha puesto el grito en el cielo, como hacía frecuentemente Bette Davis, que se ponía paranoica cuando no se reconocía su genial talento.

Meryl atesoró cinco nominaciones y dos Oscars en apenas seis años. Pasado el disgusto por no haber conseguido el premio por la esposa afligida de *El cazador*, volvió a la carga al año siguiente con un papel que conmocionó al mundo: el de la madre que abandona a su familia en *Kramer contra Kramer*. Su Joanna mostró la facilidad de Streep para aguantar largos primeros planos en los que podía mostrar el sufrimiento interno del personaje con extrema convicción.

Tres años después llegó *La decisión de Sophie* y su consolidación como la mejor actriz del momento; el «genio de mi generación», apuntó Diane Keaton. Desde entonces, Meryl ha mantenido el listón muy alto en sus autoexigentes y versátiles interpretaciones. Prueba de ello es que cada dos años volvía a ser nominada; casi siempre por papeles dramáticos (*La mujer del teniente francés*, *Memorias de África*, *Los puentes de Madison County*...). Tras un paréntesis de siete años, obtuvo su deci-

Meryl Streep consiguió su decimocuarta nominación por *El Diablo viste de Prada*. Si la Academia no fuera tan reticente a premiar a las comedias, quizás hoy tendría tres estatuillas doradas.

mocuarta nominación por un papel cómico, el de la tiránica editora Miranda Priestly en *El Diablo viste de Prada*. Si no hubiera sido por Hellen «The Queen» Mirren, y por esa reticencia de los académicos a premiar la comedia, Meryl tendría hoy un merecido triplete de hombrecillos dorados.

ETERNAS ASPIRANTES

A Bette Davis no le gustaba perder, pero por lo visto tampoco sabía ganar. Cuando le otorgaron el Oscar por *Peligrosa* no se le ocurrió decir otra cosa que: «Es un premio de consolación. Me lo merecía el año pasado», aludiendo al berrinche que tuvo cuando no fue ni nominada por *Cautivo del deseo*, un papel que había recibido los elogios de todo el mundo. No le fue mejor la segunda vez que ganó, dos años más tarde, por *Jezabel*. Lejos de alegrarse volvió a quejarse por la falta de buenos guiones y a tildar de mediocres las producciones en las que el estudio la hacía trabajar. Desde entonces, aunque fue hasta 10 veces nominada, no volvió a llevarse a Tío Oscar a casa. ¡Total, para lo que lo iba a disfrutar...!

Glenn Close representa a la eterna aspirante, con seis nominaciones y un rosco tan grande como su nariz. Pero el caso más estrambótico es el de la británica Judi Dench, popular por interpretar a «M» en la saga Bond, pero con una dilatada trayectoria en cine, teatro y televisión. Acumula seis nominaciones, cuatro como protagonista, pero ganó su único Oscar por su papel de la reina Elisabeth en *Shakespeare in Love*, una interpretación que dura en pantalla ¡apenas ocho minutos! ¿Tiene algún sentido?

Jack Lemmon
La paradoja del cómico

Una regla no escrita apunta que hacer reír (intencionadamente, no por fracaso risible) no es el mejor camino para alzarse con un Oscar. Las comedias premiadas como mejor película desde que *Sucedió una noche* triunfará en el año 1934, no llegan al 10%.

Consecuentemente, sólo media docena de intérpretes por categoría pueden presumir de haber ganado una estatuilla por un papel extravagante o divertido. Aunque pueda sorprender, uno de ellos no es Jack Lemmon, rostro habitual de las comedias de Billy Wilder y brillante actor cómico.

Lemmon ha sido nominado en ocho ocasiones. La primera vez que el Oscar llamó a su puerta fue por un personaje secundario y bastante hilarante: el Frank Thurlowe Pulver de *Escala en Hawai*. Ganó. A principios de los años sesenta llegaron dos nominaciones consecutivas por papeles excepcionales que el actor norteamericano bordó y elevó a la categoría de míticos: el de Jerry/Daphne en *Con faldas y a lo loco* y el de C.C. «Bud» Baxter en *El apartamento*, ambas con su director fetiche. Demostró un exuberante talento para la comedia y, pese a ello, perdió los Oscars en favor de Burt Lancaster, que lo ganó por *El fuego y la palabra*, y... ¿Charlton Heston?, al que se lo regalaron por *Ben-Hur*.

***El apartamento*, película que cosechó cinco Oscars... pero no el de mejor actor.**

Después llegaron no menos exquisitas composiciones al lado de su pareja artística, Walter Matthau (*Primera plana*, *En bandeja de plata*, *La extraña pareja*...). El Oscar parecía cada vez más lejano, hasta que llegó John G. Avildsen y le ofreció un papel dramático en *Salvad el tigre*. Aparcando su extraordinaria capacidad para hacer reír, Lemmon venció nada menos que a Jack Nicholson, Robert Redford, Al Pacino y Marlon Brando: la plana mayor del Actor's Studio.

Sorprendetemente, Jack Lemmon nunca ganó un Oscar al mejor actor por una comedia.

RISAS NO, GRACIAS

Otros comediantes singulares que tras haber legado fantásticos personajes en comedias inspiradas lograron el Oscar al intervenir en roles dramáticos han sido:

ROBIN WILLIAMS. Nominado por *Good morning, Vietnam*, consagrado en éxitos como *Señora Doubtfire* o la serie *Mork & Mindy* y uno de los humoristas insignia de «Saturday Night Live», logró su único Oscar como mejor secundario por *El indomable Will Haunting*, un drama en el que sustituía sus características muecas e imitaciones por lágrimas.

JULIA ROBERTS. Habitual en comedias románticas donde exhibe su gigantesca sonrisa, se decidió a encarnar a una mujer de carácter en *Erin Brockovich*, una historia que retrataba un drama terrible, para ganarse el Oscar que se le resistía.

TOM HANKS. Tuvo que morir de SIDA en *Philadelphia* para que los académicos entendiesen que bajo esa apariencia de chocarrero recalcitrante, de pelo ensortijado y carcajada estentórea, anidaba un excelente actor.

SALLY FIELD. Impagable actriz cómica en *Los caraduras*, *Una novia para dos* o *Escándalo en el plató*, consiguió sus dos estatuillas con los dramones *Norma Rae* y *En un lugar del corazón*.

A pesar de sus simpáticos mohínes en las comedias que rodó junto a su pareja de hecho (la también muy payasina Katharine Hepburn), Spencer Tracy no consiguió ningún Oscar por aquellas divertidas e inteligentes comedias sobre la lucha de sexos que ambos protagonizaron.

Juego de niños
Oscars mocetones

Reconozcamos que Hollywood siempre se ha portado bien con los niños y los ancianos. Que haya sido por afecto o por interés no es algo que corresponda analizar en estas páginas. Así como el cine abraza a los chavales como agentes y destinatarios del espectáculo, la industria fomenta su presencia en el firmamento de las estrellas.

Shirley Temple ha sido la intérprete más joven en recibir un Oscar (aunque fuera de «categoría especial»). Tenía seis años.

La fama de Shirley Temple era tan abrumadora en los años treinta que la Academia no pudo menos que reconocerlo. No podían nominarla sin más porque fuera simpática, pizpireta y cantarina, o por su depurada técnica de claqué; pero los estudios se hacían de oro con sus películas (así como con los productos promocionales derivados de la imagen de la niña) y de alguna manera había que compensarla. Así que le dieron un Oscar especial «en agradecimiento a su reconocida contribución al entretenimiento del público durante 1934». Se trataba de una miniatura. ¡Qué inspiración! ¿Oscar para una niña de seis años? Pues que sea de juguete. ¿También le pagaban el sueldo con monedas de chocolate?

Además de Shirley otras estrellas infantiles se llevaron Oscars especiales en miniatura: Hayley Mills, Judy Garland o Mickey Rooney, que debió tomarse como una chanza lo de las proporciones de la estatuilla porque declinó acudir a recogerla.

En categorías oficiales, el actor más joven en ser nominado (con ocho años) fue Justin Henry por *Kramer contra Kramer*. Al verlo llorar desconsolado por no ganar, su compañero Dustin Hoffman aseguró que los premios eran una tontería que conseguían «dañar a la persona que pierde. Yo simpatizo con Justin porque también lo pasé mal cuando perdí premios en el pasado». Eso es un amigo.

Otro pequeño gran actor se lo tomó mucho mejor: Haley Joel Osment, cuya aportación al éxito de *El sexto sentido* es indiscutible y le llevó al patio de butacas del Shrine Auditorio. Rivalizaba nada menos que contra Michael Caine, que fue quien ganó. El reputado actor inglés, como el *gentleman* que es, se deshizo en elogios hacia sus compañeros en la pugna, con deferencia especial al inmenso talento de Osment, que no dejó de sonreír en ningún momento. Lástima que el paso a la adolescencia de este magnífico joven actor haya sido tan poco divertido. Como muchos otros niños prodigio parece haber caído en una espiral de alcohol y drogas que puede truncar su brillante carrera.

Adrien Brody (29) y Timothy Hutton (20) han sido los actores más jóvenes que han ganado el Oscar como actor principal y secundario, respectivamente. No eran precisamente unos críos, e incluso Brody se permitió el lujo de besar a Halle Berry cuando ella le entregaba el premio. Improvisó (¡ejem!) una escena censurable en horario infantil, pero simpática a esas horas de la madrugada (hora española).

Las chicas fueron más precoces. Con sólo diez primaveras Tatum O'Neal ganó el Oscar como secundaria en su debut cinematográfico: *Luna de papel*. Lo hizo al lado y de la mano de su padre, Ryan, que había estado nominado dos años antes por *Love Story* y se había quedado sin premio. La cosa tuvo su miga.

Trece galas más tarde otra debutante, Marlee Matlin (recién cumpliditos los veintiuno), se hizo con el hombrecillo dorado en la categoría de actriz protagonista, siendo la mujer más joven que lo ha logrado hasta la fecha.[7] La historia se repetía, pues la actriz llegó al cine protegida por su pareja de entonces, el actor William Hurt, que se quedó sin premio (también estaba nominado) y sin novia: ella y Tío Oscar le abandonaron esa misma noche.

7. Marca que el autor de este libro alberga la esperanza que supere con creces ese monstruo de la interpretación que es Dakota Fanning.

El Oscar no tiene edad

La Academia no ha vetado a nadie por razón de su edad. Mirar de lado por su color (político o dermatológico), antecedentes policiales, discurso reaccionario o ideas liberales, quizás; pero por tener más o menos años, jamás.

Prueba de ello son las ochenta primaveras de Jessica Tandy y George Burns cuando fueron premiados por sus interpretaciones en *Paseando a Miss Daisy* (actriz protagonista) y *La pareja chiflada* (actor de reparto). Sus estatuillas debían de tener una aleación especial al más puro estilo *Cocoon*,[8] porque Burns siguió haciendo películas hasta los noventa y cuatro años y ella volvió a la carga tres años después con *Tomates verdes fritos*, y se hubiera llevado el Oscar de no ser por una espléndida Mercedes Ruehl.

Otros veteranos como Peggy Ashcroft (76) o Henry Fonda (77) recibieron al final de sus largas y exitosas carreras el galardón que les había sido esquivo. La actriz británica lo ganó como secundaria por *Pasaje a la India* y el patriarca del clan Fonda lo obtuvo gracias al empecinamiento de su hija Jane para que rodasen juntos *En el estanque dorado*. Antes había sido nominado por *Las uvas de la ira* y *Doce hombres sin piedad*, haciéndose acreedor del respeto de la profesión por su vida entregada al cine. Siempre presta a pagar deudas pendientes, la Academia le honró con un Oscar especial en 1981, justo un año antes de que el viejo Henry, empeñado

Gloria Stuart (*Titanic*) es la actriz más anciana jamás nominada al Oscar. Tenía ochenta y siete años.

8. Jessica Tandy intervino en este film fantástico de Ron Howard y en su secuela.

Groucho Marx en una de sus últimas apariciones públicas, cuando contaba ochenta y dos años, uno antes de recibir el Oscar honorífico por su carrera cinematográfica.

en ganarlo por méritos propios, lo lograra con el film de Mark Rydell.

Hollywood siempre ha demostrado veneración por los compañeros que peinan canas. Esto no incluye necesariamente a Richard Gere, pero sí a todos aquellos hombres y mujeres curtidos en mil batallas frente o tras las cámaras, algunos de ellos leyendas vivas del celuloide o supervivientes de etapas pioneras donde no existían los efectos digitales ni los formatos panorámicos, el color, el sonido e incluso el montaje. Con el premio honorífico a toda una trayectoria, la Academia intenta subsanar los cuadros de alzheimer que de manera cíclica suelen padecer sus afiliados. De esta manera, quienes llegan a cierta edad sin haber acariciado al hombrecillo dorado a pesar de su contribución generosa y persistente al séptimo arte, son honrados con un Oscar especial.

La anécdota que ejemplifica y al mismo tiempo parodia esta realidad la protagonizó el director Blake Edwards, artífice de la saga de la Pantera Rosa y de simpáticos vehículos para el lucimiento de su encantadora esposa Julie Andrews. Tras ser presentado por Jim Carrey, el director irrumpió en el escenario en una silla de ruedas que «accidentalmente» se aceleró estrellándose contra un muro. Edwards regresó al entarimado sacudiéndose los restos de la catástrofe y demostrando una vez más su talento para el *slapstick*. Todo había sido un *gag* perfectamente calculado.

El más anciano en recibirlo fue Groucho Marx, que con ochenta y tres años era ya el único sobreviviente de aquellos hermanos chiflados y maravillosos que nunca fueron considerados para el *golden guy*.

No hay color

No fue hasta 1940 cuando la Academia premió a una mujer de raza negra como mejor intérprete: Hattie McDaniels hizo historia como la primera afroamericana que ganaba el Oscar. Se entiende que lo primero que hiciese al recoger su estatuilla fuese exclamar: «¡Aleluya!».

Hattie McDaniels en 1941, la primera actriz afroamericana en ganar un Oscar.

Su inolvidable Mammy en *Lo que el viento se llevó* le reportó el Oscar, sí; pero iba a hacer falta algo más que viento para llevarse de su memoria algunos agravios de los que fue objeto por parte de esa industria que aplaudía su sonsonete de «Señoíta Sca'lata». Para empezar, no fue invitada a la *premiere* de la película en Atlanta. Clark Gable, que además de caballero en la pantalla y fuera de ella era gran amigo de McDaniels, quiso enmendar la plana al estudio por el feo y se negó a asistir él también, aunque Hattie le hizo desistir. Otra de esas incomprensibles paradojas de Hollywood fue invitar a la actriz al banquete donde se concedían los galardones (deferencia inédita hasta entonces), pero colocándola algo así como en la mesa del fondo, apartada del resto del oropel y el *glamour* blanco. Las malas lenguas apuntaron que de no haberse sabido de antemano que iba a ser la ganadora (se filtró a la prensa), igual ni la invitaban.

Veintitrés años más tarde, Sydney Poitier ganó el Oscar como actor protagonista por *Los lirios del valle*. Este elegante actor y director, que a menudo interpretaba personajes objeto de discriminación racial (*Adivina quién viene esta noche*, *Rebelión en las aulas*, *En el calor de la noche*...), ha sido siempre un referente para la comunidad negra norteamericana, labor reconocida por la Academia con un Oscar honorífico en 2002.

Ese fue un año estelar para los afroamericanos, ya que por primera vez en la historia una mujer de color –Halle Berry– ganaba el Oscar a la mejor actriz protagonista. La hermosa ex Miss América no se lo podía creer y se echó a llorar al recordar a Dorothy Dandridge, la primera mujer negra nominada a este premio casi cincuenta años atrás.

Para redondear una noche con sabor afroamericano, Denzel Washington –heredero natural del estilo sólido y creíble de Poitier– ganó su segundo Oscar, éste como actor protagonista, por su corrupto policía en *Trainning Day. Día de entrenamiento*. La tripleta de ganadores posó para la posteridad en una velada mítica, con la guinda a cargo de la también actriz de color Whoopie Goldberg, que a la sazón era la maestra de ceremonias.

Whoppie Goldberg (la actriz mejor pagada en su día por la secuela de *Sister Act* y ganadora del Oscar por la medium impostora de *Ghost*), Lou Gosset Jr. (mejor secundario por el exigente instructor en *Oficial y caballero*), Cubba Goding Jr. (de carrera irregular tras ser oscarizado por *Jerry McGuire*), Jamie Foxx (nominado el mismo año a dos Oscars, como protagonista en *Ray* –que ganó– y secundario en *Collateral*)... corroboran cierta evolución de la Academia en sus presuntos prejuicios racistas.

Desde 2002 hay al menos un afroamericano nominado cada año a los premios mayores: Queen Latifah, Djimon Hounsou, Don Cheadle, Terrence Howard... En 2004 Jamie Foxx y Morgan Freeman ganaron sus respectivas categorías, al igual que Jennifer Hudson y Forest Whitaker en la edición de 2007, en la que hasta cinco afroamericanos optaban a los premios de interpretación.

Halle Berry al recibir su Oscar en 2002 lloró recordando a Dorothy Dandridge.

Gente (poco) corriente

Ganó un Oscar en su debut en la pantalla, convirtiéndose, además, en la actriz más joven en recibirlo. Pero su proeza no es nada comparada con el hecho de que es sordomuda y, por tanto, la única actriz con esta discapacidad que ha ganado un premio de la Academia. Marlee Matlin pasó a la historia por todas estas marcas con *Hijos de un dios menor*.

William Wyler rodó una agria reflexión sobre la doble tragedia de los héroes de guerra: sus secuelas físicas y psicológicas y la paulatina marginación por parte de su país. En *Los mejores años de nuestra vida* quiso contratar a un auténtico veterano para que encarnara esta cruda realidad. El elegido fue Harold Russell, que había sufrido la amputación de ambas manos en combate y utilizaba prótesis en forma de garfios. Su interpretación (o al menos el valor simbólico de la misma) fue reconocida con el premio de la Academia al mejor secundario. Pero aquella noche recibió un segundo Oscar, este honorífico, «por la ayuda dispensada a los veteranos de guerra» con su participación en la película. Así pasó a convertirse en el primer y único actor que ha ganado dos estatuillas por el mismo papel.

Marlee Matlin debutó con *Hijos de un dios menor*, convirtiéndose en la única actriz sordomuda que ha ganado un Oscar.

Mary Pickford, una de las más rutilantes estrellas del cine mudo, recibió un Oscar a título honorífico («en reconocimiento a su contribución única a la historia del cine»). Fue en 1975. Como ya pasaba de los ochenta años declinó asistir a la ceremonia alegando que su corazón podría sufrir demasiado por la emoción del momento. La Academia envió un equipo a su casa para tomar imágenes de la entrega a domicilio. Fue un auténtico viaje al pasado. No sólo porque la mansión de la anciana permanecía decorada como en los años veinte, sino porque la actriz, acostumbrada a expresarse sin palabras, «pronunció» su

De izquierda a derecha: Douglas Fairbanks, Sr., Mary Pickford y Charlie Chaplin, estrellas rutilantes del cine mudo de quien la Academia se olvidó muy pronto.

discurso de agradecimiento con una expresión magistral: acercó la estatuilla a su cara y dejó caer una lágrima. David W. Griffith hubiera dado la toma por buena.

El cine mudo fue una de las primeras víctimas de la actualización de categorías que la Academia ha ido realizando periódicamente a lo largo de su historia. Por la propia evolución de la industria, la categoría a los mejores intertítulos (los clásicos carteles con texto) sólo fueron entregados en la primera ceremonia de 1928, ya que coincidió con la eclosión de las *talkies* o películas habladas. Joseph Farnham se llevó el único Oscar entregado por esta legendaria y específica contribución artística al cinematógrafo.

No acudir a recoger un Oscar es más frecuente de lo que cabría esperar. En los primeros años de los premios, por comodidad o inseguridad («¿y si no me lo dan y hago el ridículo?»), muchas estrellas eran reticentes a acudir a las ceremonias. Algunos han justificado sus ausencias por motivos profesionales (véase «A mí, plin», pág. 18). Pero Peter Finch, ganador al mejor actor por *Network, un mundo implacable*, no hubo de presentar sus excusas a la Academia por no personarse, ya que falleció unos meses antes. Otros premiados a título póstumo fueron Stan Zimbalist (productor de *Ben-Hur*) o Sydney Howard (guionista de *Lo que el viento se llevó*).

Mickey Mouse sentó un precedente inédito al convertirse en el primer (y único) personaje de animación en recibir un Oscar.

Si te he visto, no me acuerdo

Si larga es la lista de premiados, lo es aún mayor la de actores y actrices que no lograron la estatuilla. Algunos estuvieron muy cerca, varias veces. Otros no lo consiguieron en la única oportunidad que la Academia les brindó. Y muchos más, aunque sorprenda, jamás fueron candidatos.

El camino (errante) de los ingleses: Peter O'Toole, candidato nueve veces, sólo ha recogido una estatuilla, y fue de carácter honorífico, en 2003. Su compañero en *Beckett*, Richard Burton, tocó el galardón con la punta de los dedos siete veces, pero no le dejaron quedarse con ninguno. Otros *sires* tampoco tuvieron demasiada suerte: Laurence Olivier sólo ganó un Oscar «de verdad» (le concedieron dos más con carácter honorífico) y eso que estuvo 10 veces nominado. El reputado Anthony Hopkins, sólo tiene el Oscar que le brindó su Hannibal Lecter. Una solitaria estatuilla fue la nimia recompensa a colosos de la interpretación como Alec Guiness, John Gielgud y Charles Laughton. Otros ni eso: Peter Sellers, Basil Rathbone, Albert Finney, John Cleese, Kenneth Branagh, James Mason o el mordaz capitán Renault de *Casablanca*, Claude Rains, se quedaron sin nada.

Mitos del celuloide: cuesta creer que Marilyn Monroe, la estrella más sexy del siglo XX, no ganara nunca un Oscar. Aunque algunos de sus compañeros reconocían que les fue difícil trabajar con ella, su Globo de Oro por *Con faldas y a lo loco* apuntaba que la chica merecía algún reconocimiento más allá de su voluptuoso físico. De hecho, la que ahora está considerada el icono sexual de la pantalla, Angelina Jolie, ya tiene un Oscar. Otro mito incuestionable, James Dean, murió en un trágico accidente cuando apenas llevaba tres largometrajes rodados. En ellos ya se postulaba como un serio aspirante a hacerse con la estatuilla; pero sus interpretaciones en *Al este de Edén* y *Gigante* se quedaron en nominaciones. Otras leyendas que se fueron de vacío: Montgomery Clift (4 nominaciones), Greta Garbo (4), Marlene Dietrich (1), Ava Gardner (1). Errol Flynn, Tyrone Power o Rita Hayworth ni siquiera fueron nominados.

Los silenciados: la Academia se constituyó cuando el cine rompió a hablar, de modo que muchas estrellas que habían sido grandes en la época de las *silent movies*, quedaron fuera del abrazo de Tío Oscar. Se compensó a algunos con premios especiales (Buster Keaton, Charles Chaplin, Lilian Gish...), pero muchos otros quedaron fuera del reparto de honores: Lon Chaney, Gloria Swanson, Bela Lugosi o Douglas Fairbanks.[9]

Rompetaquillas: es la estrella mejor pagada de Hollywood. Además, produce sus propias películas y las de otra gente en la que confía, como Alejandro Amenábar. Su nombre va ligado al éxito. Se supo rodear desde el principio de los mejores maestros: compartió escenas con Paul Newman, Dustin Hoffman, Robert Duvall, Jack Nicholson, Gene Hackman... Su posición es envidiable. Lo tiene todo. Todo menos el Oscar, que se le resiste. Tom Cruise ha estado muy cerca tres veces: *Nacido el 4 de julio*, *Jerry MacGuire* y *Magnolia*. Otros actores y actrices que son (o han sido) garantía de éxito comercial tampoco han hecho méritos suficientes a juicio de sus colegas académicos: Harrison Ford, Meg Ryan, Eddie Murphy, Julia Roberts (sólo un Oscar), Jim Carrey o Bruce Willis. Arnold Schwarzenneger y Sylvester Stallone, además, acumulan decenas de premios Razzie, los llamados anti Oscar, que premian lo peor del año.

Marilyn Monroe en la única aparición que hizo jamás en una ceremonia de los Oscars; fue para entregar la estatuilla al mejor sonido a Thomas Moulton, por *Eva al desnudo*.

9. Se le entregó un Oscar honorífico en 1940, pero más por haber sido el primer presidente de la Academia e impulsor de la idea que por su contribución artística al cine de aventuras, con sus memorables papeles en *El Zorro*, *Robin Hood* o *El ladrón de Bagdad*.

4 Los cineastas

En 1936, Frank Capra elevó al director a la categoría de autor absoluto de un film, al conseguir que su nombre apareciese encima del título de la película. Sin embargo, para John Ford cualquiera podía dirigir si conocía la clave del oficio: «filmar los ojos de la gente». Del perfeccionismo de William Wyler, al que apodaban «Una más Wyler» por su manía de repetir tomas hasta aburrir, a la simplicidad de Billy Wilder, cuya única pretensión era «no aburrir al público», el Oscar no ha hecho sino reconocer a los más consagrados cineastas. O dicho de otro modo: ningún Oscar ha convertido en grande a un director que ya no lo fuera. Como cabría esperar de una competición fraticida como ésta, algunos maestros se quedaron sin premio, no por olvido (salvo contadas excepciones), sino por pugnar en años de magníficas cosechas.

Me llamo John Ford y gano Oscars

El hombre que hizo grande el *western*, que lo reivindicó como género y que dirigió un millón de pelis del Oeste, no ganó un solo Oscar por ninguna de ellas. Pero sí lo obtuvo por otras cuatro perlas cinematográficas, lo que lo convierte en el director que acapara mayor número de estatuillas a este lado del Río Pecos.

Después de casi dos décadas dirigiendo films menores –muchos de ellos previos a la llegada del sonoro–, presentó sus credenciales como cineasta en 1934 con *La patrulla perdida*, y ganó su primer Oscar al año siguiente por *El delator*, una cinta con una estética próxima al expresionismo alemán que a Ford le impresionaba (¿o debería decir *expresionaba*?). Repitió con *Las uvas de la ira*, la película de la que hasta su productor Darryl F. Zanuck dijo que «hubiera necesitado un final un poco más feliz». Luego llegó *¡Qué verde era mi valle!*, que, aparte de sus virtudes cinematográficas, ostenta un privilegio mayor: vencer en los Oscars de 1941 a la que, todavía hoy, encabeza la lista de las mejores películas de la historia: *Ciudadano Kane*. Su artífice, el irrepetible Orson Welles, lo consideraba un honor, ya que al preguntársele sobre sus tres directores favoritos, contestó: «John Ford, John Ford y John Ford». No era el único que profesaba devoción por el maestro. Para Akira Kurosawa, el más *fordiano* de los cineastas japoneses, Sergio Leone, Ridley Scott, Steven Spielberg o Bernardo Bertolucci, John Ford era un referente indiscutible. Y autores de la *Nouvelle Vague* francesa, como Jean-Luc Godard o François Truffaut, escribían elogiosas glosas a sus películas en *Cahiers du Cinema*. Sin embargo, Ford era reticente a considerar su obra desde el punto de vista artístico: «Ruedo películas para pagar el alquiler», admitía.

Con *El hombre tranquilo*, ese testamento-homenaje a su ascendencia irlandesa, completó un inalcanzable póker de Oscars a la mejor dirección. En cambio, sus obras maestras del *western* no se llevaron bien con el hombrecillo dorado. En *La diligencia*, en *Centauros del desierto*, en *El hombre que mató a Liberty Valance* y en hasta veinte películas, Ford contó con su actor fetiche: John Wayne. El «Duque» le llamaba cariñosamente «Entrenador», y el viejo le devolvía el cumplido diciendo que era el mejor actor del mundo, una declaración parcial, porque, como saben, Ford era tuerto...

Junto a las de David W. Griffith, las películas de Ford son la imagen del cine americano de grandes escenarios,

De izquierda a derecha: James Stewart, John Ford y John Wayne. «Me gusta dirigir películas, pero no hablar de ellas.»

paisajes grandiosos y tono épico. Otra de sus virtudes era la dirección de actores, con especial atención a sus pintorescos secundarios. «Les digo a los actores lo que espero de ellos y casi siempre me lo dan en la primera toma». Aunque esto era cierto, el pícaro del parche también recurría a otros trucos, como pinchar a John Wayne y Victor McLagen, diciéndoles a cada uno por separado que el otro le estaba robando el protagonismo, o que le criticaba a sus espaldas, para que al rodar la famosa escena de la pelea en *El hombre tranquilo* aquello tuviese la tensión adecuada. Los veteranos actores cayeron en la trampa y se zurraron de lo lindo.

Bebedor y fumador empedernido, algunos testigos presenciales afirman que sus últimas palabras al morir fueron: «¿Alguien tiene un cigarrillo?». Como en muchas de sus películas, en el funeral se cantó aquel antiguo espiritual negro: «Nos veremos en el río»... el Río Grande, claro.

William Wyler
El coleccionista

***El coleccionista* fue su última nominación como director. Entonces ya llevaba coleccionadas 12; tres de ellas refrendadas con el Oscar y cuatro consecutivas entre 1940 y 1943. Nadie ha igualado su estadística.**

Debutó como director con sólo veintitrés años gracias a que Universal Pictures fue fundada por un tío lejano suyo. Pero pronto se quitó el estigma de «enchufado», revelándose como un meticuloso y muy prolífico artesano. Esto hizo que Samuel Goldwyn lo fichara y a partir de ahí su carrera empezó a destacar considerablemente. Tras servir como oficial durante la Segunda Guerra Mundial y realizar un documental sobre el bombardero *Memphis Belle*, dirigió dos películas emblemáticas: *La señora Miniver* y *Los mejores años de nuestra vida*. En ambas retrataba aspectos sombríos de la guerra (una familia de clase media en la Europa ocupada y el desamparo de los héroes de guerra). Ambos retratos del desencanto le reportaron sendos dobletes en los Oscars (película y director). También lo ganó por *Ben-Hur* (véase pág. 44.) y fue honrado por la Academia con el premio Irving G. Thalberg en 1966.

Sus películas gustaban mucho al público y eran bien tratadas por la crítica. Sin estilo definido, este todoterreno fílmico se atrevió con todos los géneros: del espectáculo épico y colosal a la comedia romántica (*Vacaciones en Roma*), pasando por el melodrama (*Jezabel*, *Cumbres borrascosas*), la aventura (*Horizontes de grandeza*), el *western* (*El forastero*, *La gran prueba*) o el cine negro (*Brigada 21*, *Horas desesperadas*).

William Wyler con Audrey Hepburn en el rodaje de *La calumnia* (1961).

Frank Capra
¡Qué bello es ganar!

Sólo ocho de las ochenta películas premiadas con la mejor dirección son comedias. Tres de ellas son de Frank Capra. Sin embargo, su título más representativo, *¡Qué bello es vivir!*, repuesto *ad aeternum* en Navidad, tuvo que conformarse sólo con la nominación.

Entre 1934 y 1940 el coqueteo de este norteamericano de origen siciliano con el Oscar fue una constante. Que durante ese mismo período fuese el presidente de la Academia no tendría por qué generar suspicacias, ya que sus largometrajes hablan por sí mismos. Y lo hacen con un acento muy personal: la *fórmula capriskin*, un estilo propio que Capra configuró con la ayuda de su íntimo colaborador, el guionista Robert Riskin: comedias bienintencionadas, fábulas tragicómicas de amable desenlace, caracterización de personajes simple y prodigiosa, soberbios detalles que repercuten en la trama, diálogos chispeantes, parejas con deliciosa química, secundarios singulares... Todo ello empapado de énfasis ideológico en el *american way of life* y sus probidades: la bondad que anida en el corazón de las personas, la felicidad personal y colectiva al alcance de justos y honestos, espíritu de sacrificio que implica soportar indiferencia, burla o humillación para que la verdad prevalezca... Como dijo de él su colega John Ford, era «la inspiración de cuantos creen en el sueño americano». Y aprovechó esta influencia durante una etapa de su vida, al dedicarse a producir una serie documental sobre la Segunda Guerra Mundial de indisimulado enfoque propagandístico.

Frank Capra, tres Oscars a la mejor dirección por: *Sucedió una noche*, *El secreto de vivir* y *Vive como quieras*. Acumularon otras cinco nominaciones *Dama por un día*, *Horizontes perdidos* y *Caballero sin espada*.

Billy Wilder

El autor es un dios

Aunque su fama como director es notable, su genuino talento era el de guionista. Fue un extraordinario contador de historias que encontró alianzas creativas maravillosas en sus colegas I.A.L. Diamond y Charles Brackett. Esto sin contar una «ayuda adicional» que Wilder consignaba en la primera página de sus guiones: *Cum Deo* («Con Dios»).

De origen austro-húngaro, Samuel Wilder iba para abogado; pero después de trabajar como periodista en Viena y Berlín se inició en el cine como escritor. Aterrizó en Hollywood a finales de los años treinta huyendo del nazismo, y se tomó muy en serio lo que el oficial de inmigración le pidió tras preguntarle cuál era su oficio: «Haz buenas películas». Como guionista, Wilder escribió sesenta films. Como director, realizó veintiséis. Fue nominado en veintiuna ocasiones y galardonado con siete Oscars. Los números cantan. Y sus personajes también, ya que tres de sus films más relevantes (*El apartamento*, *Con faldas y a lo loco* y *El crepúsculo de los dioses*) se reciclaron en exitosos musicales para Broadway.

Wilder abordaba sus películas con una paradójica implicación. Aseguró que rodaba historias trágicas cuando era feliz e historias cómicas cuando estaba deprimido. En ambos casos el resultado era brillante. Pero no tanto por su planificación visual como por la importancia que concedía al diseño de personajes y la articulación dinámica de la trama. Era un cineasta ecléctico, que igual podía asumir un film bélico, como *Traidor en el infierno*, que una comedia cínica y agridulce, tipo *En bandeja de plata*. Películas tan dispares como *Testigo de cargo*, *Perdición*, *Sabrina* o *El gran carnaval* atestiguan su osadía para abordar cualquier género con solvencia.

De entre todas sus películas, *El apartamento* le instala en la cumbre del Oscar, al conseguir por ella el glorioso triplete para un cineasta: mejor película, mejor director y mejor guión. Los últimos privilegiados que comparten con él tal distinción son los hermanos Ethan y Joel Coen, que lo consiguieron en 2008 con su film *No es país para viejos*.

En su retiro forzado e involuntario (al convertirse en octogenario las ase-

Billy Wilder (dcha.) con sus dos primeros Oscars (mejor director y mejor guión adaptado) por *Días sin huella.* William Wyler (izda.) fue el encargado de presentar el premio a la mejor dirección.

guradoras se negaban a cubrirle y esto impidió que siguiera dirigiendo películas), Wilder fue un gran inspirador. De Steven Spielberg y *La lista de Schindler*, por ejemplo. Colaboraron juntos en el desarrollo del guión. El veterano director se implicó muchísimo, porque parte de su familia había padecido el Holocausto y estuvo a punto de dirigirla; reto que asumió finalmente Spielberg y que le reportó su ansiada estatuilla como mejor director. El hombre que dijo que Marlene Dietrich era «como la madre Teresa de Calcuta pero con mejores piernas», recibió un cálido homenaje del director español Fernando Trueba, cuando al recibir el Oscar por *Belle Epoque* lo equiparó a la deidad suprema (Véase «Belle Epoque», pág. 98). Pues eso: *Cum Deo*.

Maestría ignorada

Cada año, junto a las listas de las nominaciones no faltan las complementarias de ausencias notables, incomprensibles e injustas. Barriendo para casa, nadie se explica cómo Javier Bardem no fue nominado por *Mar adentro*. Es cierto que los académicos dan la sensación algunas veces de padecer un cuadro de alzheimer eventual.

En los primeros años las categorías no estaban limitadas a cinco nominaciones, con lo que el número de agraciados (y agraciadas) podía llegar hasta veinte. Pero esto no enmascara la cruda realidad: no importa cuántos (o cuántas) opten al premio, la gloria sólo se la lleva el ganador (o ganadora). Así que conviene tomarse los Oscars como un entretenimiento y no como un manual de historia del cine. Muy pobre sería la dvdteca con la exclusiva colección de las películas oscarizadas. Sin duda, sería una buena selección, pues son (casi) todas las que están, pero significaría dejar fuera:

Casi toda la filmografía de Alfred Hitchcock: maestro absoluto del suspense, inspirador de filmografías enteras de sus discípulos, inventor y reinventor de narrativas cinematográficas, descubridor de la etérea fórmula del éxito dual (público y crítica), sólo pudo *colar* en la lista dorada del Oscar una película: *Rebeca*, pero al no ser su productor ni siquiera pudo llevarse la estatuilla a casa. Estuvo nominado, sí. Cinco veces. Pero ni con *Psicosis* logró acumular suficientes votos. Claro que uno comprueba quién se lo llevó aquel año y no puede protestar: Billy Wilder por *El apartamento*. Luego si hay injusticia es por el diseño del premio en sí, no por quien gana o pierde.

El «toque Lubitsch»: hablando de Wilder, éste confesaba haber aprendido casi todo lo que sabía de cine al lado de su mentor: Ernst Lubitsch. Cuando el maestro de la comedia murió, Billy definió su pérdida de forma impecable: «Nos hemos quedado sin Lubitsch. Peor aún: nos hemos quedado sin las películas de Lubitsch». Fue nominado tres veces pero, aunque parezca increíble, ni siquiera por *masterpieces* como *Montecarlo*, *Ninotchka* o *To be or not to be*.

Los chicos prodigio de Hollywood: pasar a la historia por haber parido la mejor película de todos los tiempos[10] y hacerlo además a una edad insultante y en su primer contacto con el cine, no hizo ganar a Orson Welles un Oscar como di-

10. Según algunas asociaciones de críticos, que son los que entienden... de listas.

Por increíble que parezca, sólo un film del maestro del suspense consiguió el Oscar a mejor película. Pero al no ser Hitchcock el productor de *Rebeca* no fue recompensado con estatuilla alguna.

rector.[11] ¿Y qué decir de Stanley Kubrick? Trece veces nominado y el único Oscar que se lleva es el de ¿iefectos especiales!? por *2001, una odisea en el espacio*.

Genios del cine mudo: como Mack Sennett o Buster Keaton. El primero fue prácticamente el inventor o como mínimo el rey del *slapstick* y sólo ganó una estatuilla por un corto de ocho minutos. Y del «cara de palo» y sus inmortales comedias no pueden decirse más que elogios. Ambos recibieron al final de sus carreras un bien merecido Oscar honorífico que apenas maquilla ese llámale olvido, llámale descuido, llámale insolvencia de la Academia.

En el capítulo de «foráneos» se echa de menos a Federico Fellini (que estuvo nominado 12 veces), Ingmar Bergman (9), Vittorio De Sica, Roberto Rosellinni... También a Akira Kurosawa, Jean Renoir, Luis Buñuel, Satyajit Ray o Andrezj Wajda, por citar a algunos que la Academia tuvo a bien conceder un Oscar a título honorífico distinguiendo su talento e indiscutible contribución al séptimo arte.

11. Sí ganó uno compartido con Herman J. Mankiewicz por el guión de *Ciudadano Kane*.

El síndrome de Juan Palomo

En la primera edición de los premios se entregó un Oscar especial a Charles Chaplin reconociendo su genial talento y versatilidad por escribir, producir, dirigir e interpretar *El circo*. Pero este autor total fue olvidado durante casi medio siglo por la Academia, que sólo le retribuyó con un Oscar por la partitura de *Candilejas* en 1973[12] y con otro honorífico por su contribución al arte cinematográfico en 1971.

Tras un primer intento con *El cielo puede esperar*, por el que fue nominado en las categorías de mejor película, director, guión y actor principal, Warren Beatty repitió proeza tres años más tarde, logrando 12 nominaciones con *Rojos*. De los cuatro a los que aspiraba a título personal sólo ganó el Oscar al mejor director, pero pudo sentirse el gran triunfador de la noche.

Con *Gente Corriente*, Robert Redford se licenció con honores en la dirección cinematográfica. Volvió a estar doblemente nominado por *Quiz Show* y recibió un premio honorífico en 2002, por su comprometida carrera y su impulso a las nuevas generaciones de cineastas, catalizado por el Instituto Sundance y el festival de cine independiente que lleva su nombre.

Nadie daba un duro por Kevin Costner cuando se lió las plumas a la cabeza para embarcarse en un *western* sobre la aniquilación de los indios desde el punto de vista de quienes la padecieron. Pero *Bailando con lobos* resultó ser algo más que una preciosa película: una revisión del género con rigor academicista y sentido autocrítico que gustó a todo el mundo y se llevó siete Oscars. Aunque se impuso entonces a pesos pesados como Coppola y Scorsese, la carrera de Costner dio algunos tumbos y hasta que no retomó el espíritu del *western* crepuscular con *Open Range*, no volvió a recuperar el prestigio que había perdido con *El mensajero del futuro* y *Waterworld*.[13]

Desde que en 1991 recibiera el premio Cecile B. DeMille, Clint Eastwood se ha ido labrando la reputación de gran autor clásico refrendada por sus colegas con múltiples nominaciones. Con dos de sus películas más personales, *Sin per-*

12. *Candilejas* es de 1952, pero no se estrenó en Los Ángeles hasta 1972. Por una de esas reglas surrealistas de los Oscars, se permitió que su banda sonora fuese nominada en este año y a la postre resultó la vencedora.

13. Aunque el film aparece firmado por Kevin Reynolds se sabe que Costner tuvo que terminar la película después de un duro enfrentamiento con el director.

Mel Gibson, uno de los actores que triunfaron en los Oscars al estrenarse como directores produciendo sus propios films.

dón y *Million Dollar Baby*, ganó el doblete película-director; y repitió la misma doble nominación con *Mystic River* y *Cartas desde Iwo Jima*. Aunque también estuvo nominado como actor, este genuino hombre renacentista (actor, director, escritor, músico, político...) nunca ha ganado el Oscar por una interpretación; pero sus compañeros de reparto en sus oscarizadas películas sí sacaron tajada: Gene Hackman, Sean Penn, Tim Robbins, Hilary Swank y Morgan Freeman.

Mel Gibson se descubrió como un sólido director con la epopeya de Randall Wallace en *Braveheart*. Su doblete a la mejor película y mejor director le animó a dar otra vuelta de tuerca en su siguiente aventura tras las cámaras. Abordó en solitario un proyecto arriesgado: rodar un film sobre la Pasión de Cristo en latín y arameo. Los que aventuraban un fracaso equiparable a los de Coppola con *Corazonada* o al *Waterworld* de los Kevins (Reynolds y Costner) cerraron el pico cuando aquella película de extrema crudeza y con subtítulos arrasó, contra todo pronóstico, en las taquillas. Esta vez, Tío Oscar no invitó a Gibson a su fiesta, pero él siguió empeñado en explicar historias épicas en lenguas muertas, como el maya de *Apocalypto*, donde volvió a exhibir su pulso narrativo y su vibrante sentido del espectáculo visual.

Barbra Streisand fue nominada en 1992 por *El príncipe de las mareas*, film que produjo, dirigió y protagonizó. También lo hizo en *Yentl*, que además ayudó a escribir. ¡Y encima cantaba!

Infiltrados

De los cuatro grandes cineastas que encabezan este capítulo sólo John Ford es oriundo de Estados Unidos. Wyler nació en una región de Alemania que ahora pertenece a Francia, Capra era siciliano y Wilder austro-húngaro. O sea: que los directores galardonados con más premios de la Academia vinieron de otras tierras.

Hollywood siempre ha acogido el talento viniese de donde viniese. No todos se han dejado seducir por sus cantos de sirena; algunos lo hicieron durante una etapa de sus carreras, otros crecieron como cineastas y triunfaron con producciones enteramente norteamericanas. Cuando a Hitler se le metió entre ceja y bigote la limpieza étnica, muchos centroeuropeos se vieron obligados a emigrar a Estados Unidos. Así, nombres de la talla de Fritz Lang, Ernst Lubitsch, Otto Preminger, Robert Siodmak, F.W. Murnau o Josef von Sternberg, que ya tenían una filmografía importante en sus países de origen, continuaron evolucionando en su etapa americana. En muchos casos fue la más fecunda e interesante, aunque no ganaran ningún Oscar. Sí lo hicieron los ya citados al principio y algún otro, como Michael Curtiz, insigne director de la mítica *Casablanca*.

Décadas después de la guerra, otros realizadores foráneos inscribieron sus nombres en el Olimpo de los Oscars. El checoslovaco Milos Forman, doblemente triunfador con *Alguien voló sobre el nido del cuco* y *Amadeus*. El británico David Lean, otro que tal con *Lawrence de Arabia* y *El puente sobre el río Kwai*. El griego Costa-Gavras, mejor guión por *Desaparecido* y otras dos nominaciones por *Z*. El francés Roman Polanski fue nominado por el guión de *La semilla del diablo* y por la dirección de *Chinatown* y *Tess*. Tuvo que huir de Estados Unidos para eludir a la justicia por un turbio asunto con una menor, pero sus películas siguieron interesando a la Meca dorada. En 2003 su estremecedora *El piano* se llevó tres de los siete Oscars a los que aspiraba. Pero ni por esas se le pasó a Polanski por la cabeza asomar el hocico por el país que reclama su caza y captura.

El último emperador, dirigida por el italiano Bernardo Bertolucci, arrasó en 1987, llevándose nueve Oscars. Ese año se produjo una circunstancia única: ningún director norteamericano estaba nominado; todos eran «infiltrados». Once años más tarde, un compatriota suyo se metió en el bolsillo a los académicos con *La vida es bella* (que optó a mejor película y mejor película en lengua no inglesa). Ganó por esta última candidatura y Roberto Benigni se llevó de rebote una estatuilla como mejor actor. Un caso similar fue el de *Tigre y dragón*, del taiwanés Ang Lee, hablada en mandarín y que logró cuatro premios. Aunque se convirtió en la película extranjera de mayor recaudación en Estados Unidos, en China la consideraban una película más de kung-fú. Ang Lee alcanzó el galardón como mejor director unos años después con *Brokeback Mountain*, esta vez con producción norteamericana. El film se llevó otros dos Oscars de ocho nominaciones.

A través de la categoría al mejor film en habla no inglesa, Hollywood ha querido reconocer el talento de maravillosos creadores que, no habiendo sucumbido al imán hollywoodiense, contribuyeron a dignificar la historia del cine. Algunos han querido ver en ello una deferencia de los norteamericanos al cine artístico (no tan comercial) que se cuece en otras cinematografías. Esta percepción de «raros» y «extravagantes» con la que Hollywood etiqueta los films de autor llegó a ser confirmada por el siempre irónico Billy Wilder, del que se cuenta la anécdota de que pidió a uno de sus operadores de cámara que desenfocara a posta algunas escenas «porque quiero ganar el Oscar al mejor film extranjero».

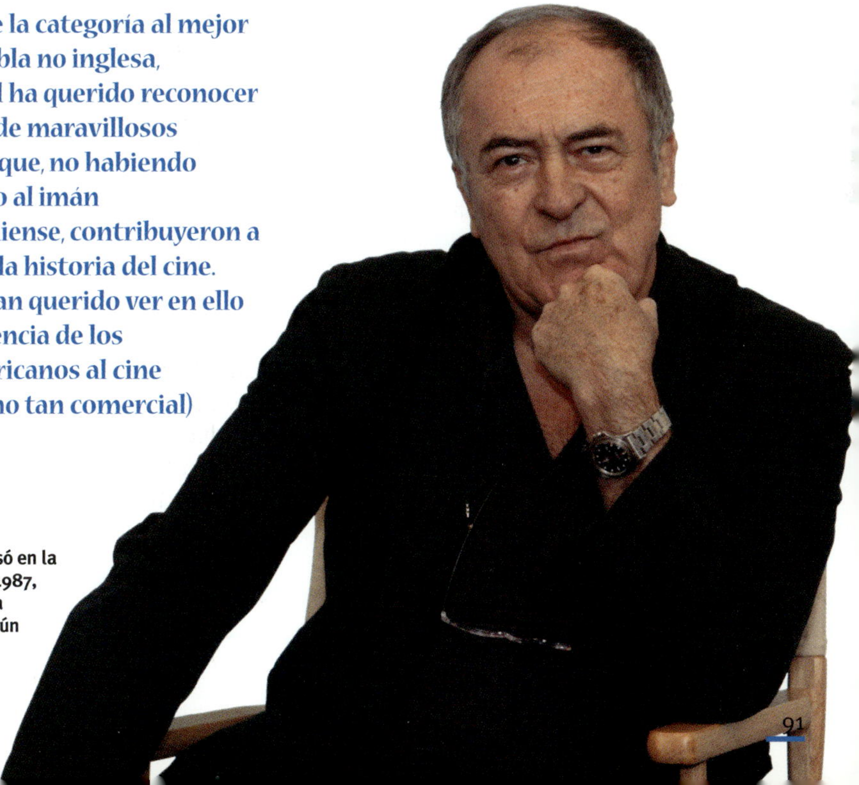

Bernardo Bertolucci arrasó en la edición de los Oscars de 1987, edición en la que se dio la circunstancia de que ningún director norteamericano estuvo nominado.

Ellos... ¿y ellas?

En ocho décadas sólo tres mujeres han estado nominadas en la categoría de mejor dirección: Lina Wertmüller, por *Siete bellezas*, Jane Campion, por *El piano*, y Sofia Coppola por *Lost in translation*. Ninguna ganó.

La A.M.P.A.S. (Academy of Motion Picture Arts and Sciences) fue fundada por 36 personas. Sólo tres de ellas eran mujeres: la actriz Mary Pickford y las guionistas Jeanie MacPherson y Bess Meredyth. En la primera ceremonia de 1929 se entregaron 15 Oscars. Solamente uno de ellos fue a parar a una dama: Janet Gaynor. A la vista de estos datos, habrá que concluir que los Oscars son predominantemente masculinos. Hasta la estatuilla es un hombre.

Las directoras no lo han tenido nunca fácil en Hollywood, pero aunque no figuren en las placas de oro de la Academia, *haberlas haylas*. Se dedican a ello por vocación Kathryn Bigelow, Mimi Leder, Julie Taymor, Mira Nair, Penny Marshall, Susan Seidelman... Otras han llegado a la dirección desde el mundo del guión (Nora Ephron, Nancy Meyers, Amy Heckerling...) o la interpretación (Ida Lupino, Jodie Foster, Barbra Streisand, Diane Keaton, Sondra Locke...).

Lina Wertmüller fue asistente de dirección de Fellini en *Ocho y medio*, y después se lanzó a dirigir y escribir en solitario. De familia aristócrata y carácter iconoclasta, esta cineasta italiana se labró una distinguida carrera, convirtiéndose en la primera mujer que optó al Oscar a la mejor dirección.

Jane Campion es neozelandesa y una de las más afamadas cineastas de su país. Desde que se inició en la dirección cinematográfica empezó a cosechar premios internacionales. Su consagración le llegó con *El piano*, por la que obtuvo su segunda Palma de Oro en Cannes y el Oscar al mejor guión original.

Sofia Coppola es neoyorkina y tercera generación de una saga de cineastas. Siendo un bebé apareció en *El Padrino*, dirigida por su padre. En la tercera parte de la saga sustituyó a Winona Rider y fue blanco de feroces críticas, lo que la decidió a abandonar la interpretación y dedicarse a escribir guiones y dirigir cortos, videoclips y, finalmente, largometrajes. Puede alardear de ser la primera mujer norteamericana que ha sido nominada al Oscar a la mejor dirección. Y, aunque no ganó, al igual que Jane Campion sí obtuvo la estatuilla al mejor guión original.

SPAIN IS DIFFERENT

Los Goya son menos sexistas. Para empezar, tres mujeres han ganado el premio a la mejor dirección: Pilar Miró, por *El perro del hortelano*, Icíar Bollaín, por *Te doy mis ojos*, e Isabel Coixet, por *La vida secreta de las palabras*. A éstas han de sumarse las que ganaron el Goya a la mejor dirección novel: Ana Díez, por *Ander eta Yul*, Rosa Vergés, por *Boom, Boom*, y Ángeles González Sinde, por *La suerte dormida*. En la categoría de film de animación encontramos un nombre más, el de Maite Ruiz de Austri, que ha ganado el Goya dos veces, por *El secreto del viento del norte* y *¡Qué vecinos tan animales!*; en total siete mujeres en 22 ediciones. No es como para tirar cohetes, pero marca una diferencia notable respecto a los norteamericanos. Recientemente se ha creado la Asociación de Mujeres Cineastas y de Medios Audiovisuales, como plataforma reivindicativa de una realidad de la que fueron pioneras Helena Cortesina, Rosario Pi, Ana Mariscal o Josefina Molina.

Sofia Coppola en la alfombra roja de la ceremonia de los Oscars, en 2004.

5 Oscars españoles

Ganar un Oscar es decir al mundo que has sido el mejor en la cinematografía norteamericana, que es como decir en la mundial, a efectos mercantiles. En el caso concreto del Oscar a la mejor película de habla no inglesa, puede llegar a representar el reconocimiento a una cinematografía nacional y todo un acontecimiento en el país agraciado. España esperó su oportunidad durante cuarenta y cuatro años, hasta que Garci cumplió su sueño de recibir de su venerado cine americano una distinción oficial. Desde aquel 1982 de Naranjito y Garci con esmoquin blanco y hablando un inglés macarrónico, despacio pero sin pausa, España ha ido colocando algunos caballos ganadores en la carrera de los Oscars en esta categoría. Ya lleva cuatro. No son los 13 de Italia, pero todo se andará…

Spainnn!

Oscars con cuentagotas

Rodar en un idioma distinto al inglés supone un obstáculo importante, no ya para ser considerado por los académicos, sino para que la película se exhiba y se vea en Estados Unidos.

Ahora, con la globalización, parece que la apertura es mayor, y que el cine de otras latitudes se abre camino y encuentra su espacio en una cartelera donde abundan los *remakes* de glorias pasadas y las horripilantes megataquilleras *scary-epic-date movies*. Pero no nos engañemos: para la mayoría de estadounidenses Bollywood es un invento de la Coca-Cola, Europa es un país y Mizoguchi les suena a escudería de Fórmula 1. Por fortuna, el crecimiento de la población hispana en Estados Unidos –y su representación en la meca de Hollywood– está originando un *boom* de las cinematografías latinas, incluyendo la española, que viene pegando fuerte.

En 1958 Hollywood nomina por primera vez una película española como mejor film extranjero. Habían pasado veinte años desde que la categoría se creara. Hasta entonces, nuestro cine había sido soslayado por los académicos. Benito Perojo o Edgar Neville no les sonaban de nada. Y en los años cuarenta y cincuenta estaban tan fascinados con el cine francés, italiano y japonés que nuestro neorrealismo autóctono de Ferreri, Bardem, Azcona y Berlanga (*El pisito*, *Muerte de un ciclista*, *Bienvenido Mr. Marshall*, *Calabuch*...) les pasó completamente desapercibido. Es significativo –o pura casualidad– que el primer film español presente en los Oscars se titulase *La venganza* y que fuera de Juan Antonio Bardem, tío de Javier, que medio siglo después conquista a la Academia con otra de sus impecables interpretaciones (véase pág. 110).

Algunas de las generaciones más creativas del cine español pasaron de puntillas por la alfombra roja: la de Rovira Veleta y Jaime de Armiñán, con dos nominaciones cada uno, o la de Carlos Saura (3) y Montxo Armendáriz (1). Y cineastas de obra personalísima como Manuel Gutiérrez Aragón o Víctor Erice ni siquiera fueron convocados... aunque no parece que a ellos les importara demasiado.

Hasta los años ochenta España adquirió su cachito de gloria no por medio de títulos, sino de nombres propios, no a través de películas, sino de personas: el primer español en hacerse con un Oscar se llamaba Juan de la Cierva, que fue distinguido por haber inventado el Dynalens, un estabilizador óptico de imágenes que era para

Luis Buñuel y Carlos Saura, dos de los cineastas españoles que «flirtearon» con el Oscar.

los temidos desenfoques causados por movimientos bruscos de la cámara. Su premio, de carácter técnico y honorífico, no consistió en la típica estatuilla, sino en una placa.

Más tarde llegaron los Oscars –esta vez sí– para Gil Parrondo y Antonio Mateos, por la dirección artística de *Patton*. Al contrario que el protagonista de la película, George C. Scott, ellos no rechazaron el premio. Parrondo volvió a ganar al año siguiente por *Nicolás y Alejandra*, película que también fue premiada por el vestuario de los españoles José Castillo e Yvonne Blake. Otro director de arte y vestuario, Antonio Clavé, fue nominado doblemente por *El fabuloso Andersen* en 1952.

Siguiendo la estela de Juan de la Cierva, un equipo español ha logrado en la última edición de los Oscars un premio de la Academia al logro técnico por la creación de RealFlow, *software* que permite simulaciones de fluidos y gases gracias a su sistema de partículas. La aplicación informática de Víctor González, Ignacio Vargas y Ángel Tena ha sido utilizada en films como *El señor de los anillos: El retorno del rey*, *Charlie y la fábrica de chocolate* o *300*.

Volver a empezar

Fue la primera película española en conseguir el Oscar al mejor film en lengua no inglesa. Corría el año 1982, España se preparaba para el Mundial de Fútbol y José Luis Garci sorprendió a propios y extraños conquistando Hollywood. Hasta ese momento, el galardón era poco menos que una quimera.

Tras su brillante incursión en el género negro con *El crack*, Garci se decidió a rodar un melodrama con grandes dosis de nostalgia. Con el célebre *Begin the Beguine* de Cole Porter como referente musical y *leitmotiv*, articuló la historia de Antonio Albajara, un escritor asturiano exiliado que, después de ganar el premio Nobel, regresa a Gijón, su ciudad natal. Allí se reencuentra con Elena, su primer y gran amor, y juntos recuperan el tiempo perdido; un tiempo que al escritor, aquejado de una terrible enfermedad, se le está acabando. Antonio Ferrandis, que protagonizó la película junto a Encarna Paso, bromeaba con ello: sus dos personajes más famosos (éste oscarizado y el de Chanquete en *Verano azul*) se morían. No tenía, pues, ocasión de recrearlos en posibles secuelas.

Según una crítica de *Variety*, el guión era «sensible, elocuente y agudo, y la dirección, fotografía y montaje impecables».[14] En España fueron un poco más críticos; en parte por esa veta recelosa tan hispana, en parte porque algunos decían que era una historia pensada para los americanos. Garci nunca ha ocultado su fascinación por el cine clásico estadounidense. Y con esta película, como con otras en su filmografía posterior, ha pretendido explicar historias utilizando aquellos patrones. Sin ir más lejos, el personaje del director de hotel que magistralmente bordó Agustín González, remite a los secundarios *wilderianos* y es empleado por Garci con idéntica función narrativa que el director de *El apartamento*: servir de contrapunto cómico a la trama principal, emotiva y lacrimógena.

Hablando de lágrimas, las vertidas por José Bódalo (Roxiu) cuando su amigo Antonio Ferrandis (Albajara) le entrega los informes médicos que anticipan su muerte próxima, son de una profundidad interpretativa extraordinaria. Bódalo, como tantos otros grandes actores de carácter, hubiera merecido

14. http://www.variety.com/review/VE1117796155.html?categoryid=31&cs=1&p=0

Cartel de *Volver a empezar*, la primera película española que ganó un Oscar al mejor film en lengua no inglesa.

más lisonjas en vida. Hoy, la tendencia es inversa y priman el elogio desmesurado o los laureles a intérpretes revelación, quedando en el olvido muchos de nuestros entrañables cómicos.

El Oscar fue el primero de aquella noche histórica. Lo entregaron Jack Valenti y Louis Reiner. La entonación de la veterana actriz al intentar pronunciar un título imposible para ella ha quedado grabada en la memoria de todos; tanto como el inusual y llamativo esmoquin blanco con pajarita con el que Garci, a paso ligero, se subió al escenario. También fue blanco de chanzas y chirigotas el raquítico inglés con el que el director asturiano agradeció a la Academia aquel premio a su película, su equipo y su país. Pero fue un momento histórico para todos ellos.

Además de por *Volver a empezar*, Garci optó al Oscar al mejor film en lengua no inglesa con otras tres películas: *Sesión continua* (en 1984), *Asignatura aprobada* (en 1987) y *El abuelo* (en 1999).

Belle Epoque

Así como *Volver a empezar* fue toda una sorpresa, *Belle Epoque* llegó a Hollywood postulándose como el anhelo de un país convencido de sus posibilidades de triunfar.

Esta deliciosa comedia romántica llegaba revestida con un halo mágico. Había algo inexplicable que nadie se atrevía a definir pero que casi todos percibían; como si estuviera bendecida por los dioses... Y a fe que demostró que así era.

Un pintor excéntrico acoge a un joven desertor en su finca campestre, una especie de *Shangri-La* rural en la España de la Segunda República. El chico va enamorándose consecutivamente de sus cuatro hermosas hijas: Rocío, Violeta, Clara y Luz, algo así como la reencarnación de *Las cuatro estaciones* de Alphonse Mucha.

El público norteamericano se lo pasó en grande con esta película coral que irradiaba belleza, transgresión y alegría. Un canto a la vida y a la libertad fruto del ingenio de Rafael Azcona y José Luis García Sánchez, proferido por un reparto en estado de gracia: un guapísimo Jorge Sanz atolondrado por Maribel Verdú, Ariadna Gil, Miriam Díaz Aroca y Penélope Cruz, un espléndido Fernando Fernán Gómez, unos divertidísimos Agustín González, Chus Lampreave y Gabino Diego (impagable su serenata de «Las mañanitas»)... Pero, además de las composiciones de todos los intérpretes, estaba la inspirada partitura de Antoine Duhamel, la preciosa fotografía de José Luis Alcaine, la planificación poética de algunas secuencias inolvidables, como la melodiosa llegada de la madre (Mari Carmen Ramírez)... En fin, que como reconocía el crítico José Luis Guarner, el secreto del film se debía a la «feliz conjunción de elementos excelentes».[15]

Allí donde se estrenaba la película gustaba, divertía, fascinaba y contagiaba su buena estrella. Al contrario de la gesta casi en solitario de Garci, todo el país parecía dispuesto a respaldar el film producido por Andrés Vicente Gómez. Arrasó en la edición de los Goya, con nueve premios, acaparó el prestigio de los Fotogramas de plata, fue coronada con el premio Sant Jordi de Cinematografía... y llegó a los Oscars donde fue generosamente ovacionada. Un aplauso unánime y entusiasmado que Fernando Trueba logró que los académicos repitieran cuando, en su discurso

15. *La Vanguardia*, 12-12-1992.

Fernando Tueba recogió el premio a la mejor película extranjera por *Belle Epoque* junto al productor Andrés Vicente Gómez.

de agradecimiento al recoger el premio, manifestó su admiración por *uno de los suyos*: «Me gustaría creer en Dios, pero sólo creo en Billy Wilder. Así que: Gracias, Mr. Wilder» (véase pág. 84).

Trueba ha dicho alguna vez que «con una tarta mal tirada no se ríe nadie», y *Belle Epoque* fue una placentera tarta –o paella, según una acertada analogía del crítico E. Rodríguez Marchante– lanzada con impecable ejecución.

INTÉRPRETES FETICHE

Agustín González compuso un personaje singular, el del don Luis, el cura del pueblo y ajetreado mentor de Juanito (Gabino Diego), desesperado por lograr el amor de Rocío (Maribel Verdú). El sólido actor de carácter ya había intervenido en *Volver a empezar*, por lo que se convirtió en el primer actor español que indirectamente ganaba dos Oscars. En una curiosa interconexión, Fernando Fernán Gómez, que aquí enriquecía la película con una de sus más celebradas interpretaciones (el padre de las celestiales criaturas, eternamente enamorado de su ex esposa) también igualó el registro al tomar parte en otra película oscarizada unos años después: *Todo sobre mi madre*, de Pedro Almodóvar. Caso idéntico al de Penélope Cruz.

Todo sobre mi madre

«Pedro Almodóvar ama a las mujeres. Más concretamente, ama la feminidad», reseñaba *The Daily News* al valorar el film con el que el director manchego conquistó las emociones de medio mundo, incluidos los académicos de Hollywood.

El triunfo en los Oscars de este fresco sobre la maternidad y la solidaridad espontánea entre las mujeres fue todo menos discreto. La película de Almodóvar llegaba en su punto álgido. Triunfadora persistente, acumulaba la cantidad de premios más abrumadora que una película española haya obtenido nunca: Globo de oro, BAFTA, César, David de Donatello, Premios Europeos, Fotogramas, Ondas... los festivales de Cannes, San Sebastián, Chicago, Nueva York, Shanghai... e infinidad de asociaciones de críticos de todo el mundo. El premio a mejor película extranjera estaba cantado; y la Academia era consciente, ya que pidió a dos españoles afectos que se encargaran de abrir el sobre y entregar la estatuilla. Todos recuerdan el grito estentóreo de Pe llamando a su amigo y mentor a subir al escenario, pero su exclamación catártica se entiende si se observa su rostro desencajado y sus dedos temblorosos mientras intentaba abrir un sobre que se le resistía. *Peeeedro* se abrazó a sus chicos y entretuvo al personal con una interminable lista de agradecimientos (incluido un repaso al santoral), hasta que Antonio Banderas se lo llevó, rematando uno de los improvisados *gags* de la noche.

Guillermo Cabrera Infante apuntó que *Todo sobre mi madre* es, en efecto, todo sobre Almodóvar. De ahí que fuera él quien subió a recoger la estatuilla y no su hermano Agustín o Miguel Rubén, quienes, al ser coproductores, deberían haber compartido escenario. Como reconoce el propio Pedro, Agustín «es la persona que más vela por mí para que yo haga lo que quiera hacer». Pero el carisma de Almodóvar es tan grande, su *trademark* tan potente, el cariño y la devoción que en Hollywood le profesan es tal, que le permitieron la inmodestia.

La película tenía momentos muy divertidos, como el franco monólogo de «la Agrado», pero era una historia terrible y conmovedora:[16] la de una madre que pierde a su hijo en un trágico accidente y emprende la búsqueda del padre del muchacho, ahora transformado en «Lola». Un sólido reparto de fémi-

16. Almodóvar ya ha confesado repetidamente que desde *Mujeres al borde de un ataque de nervios* los guiones de comedia *no le salen*.

Antonio Banderas, Pedro Almodóvar y Penélope Cruz con el Oscar que ganó el director manchego por *Todo sobre mi madre.*

nas arropan a una espléndida Cecilia Roth: Marisa Paredes, Candela Peña, Rosa María Sardà, Penélope Cruz y los ambiguos papeles de Toni Cantó y Antonia San Juan. Barcelona también trajo suerte al director manchego, quien por primera vez situaba su historia (la número 13) en la capital catalana.

DEL *UNDERGROUND* A LA CIMA

Su evolución de *enfant terrible*, de insurrecto y provocador a cineasta depurado, de fino vanguardismo y dialoguista profundo, llegó a su momento más dulce con el cambio de milenio. Este Oscar de 2000 y la doble nominación director-guionista por *Hable con ella* en 2003, no lo convirtieron en algo que ya era: el cineasta español más conocido y admirado en el panorama internacional, pero sí certifican su madurez cinematográfica y su aportación indiscutible al séptimo arte. Como cineasta español es el único que ha ganado dos Oscars con películas autóctonas, uno de ellos histórico: por un guión escrito en el idioma de Cervantes.

Mar adentro

Cuando, tras el éxito internacional de *Los otros*, Alejandro Amenábar anunció que estaba trabajando en un film sobre Ramón Sampedro, cogió por sorpresa a muchos que no esperaban un cambio de registro tan radical en un cineasta que se había labrado prestigio como realizador de *thrillers*.

Pero el Orson Welles hispano (como algunos lo califican por asumir el peso de la construcción del film escribiéndolo, produciéndolo, dirigiéndolo e incluso componiendo la banda sonora), se embarcó *mar adentro* en esta aventura, logrando un providencial cambio de rumbo. El film se articula en torno a Javier Bardem y su excepcional interpretación de Ramón Sampedro. Las fotografías promocionales del actor con el maquillaje que modificaba su fisonomía causaron una gran expectación por la película. Como es habitual en Bardem, su exquisito trabajo interpretativo dejaba en un segundo plano aquella estupenda y laboriosa caracterización –que estuvo nominada al Oscar– para brindarnos un personaje sublime con el único recurso de su cara y su voz.

La película fue rodeada de una gran polémica, porque abordaba el caso real y controvertido de un tetrapléjico que, tras permanecer postrado en cama durante treinta años, consigue que alguien le ayude a suicidarse. No obstante, habría que diferenciar la propuesta cinematográfica de la temática. Como película *Mar adentro* fue recibida con entusiasmo. Fue laureada con premios oficiales (Goyas, Globos de Oro, Venecia...) y críticas elogiosas, aunque hubo voces discrepantes. Como reflexión sobre la eu-

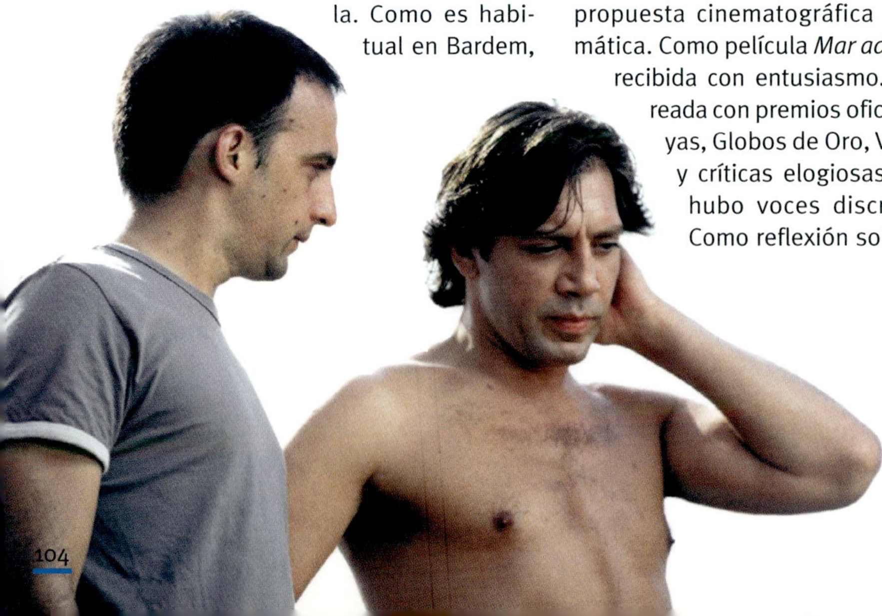

Alejandro Amenábar con Javier Bardem durante el rodaje de *Mar adentro*.

tanasia asistida planteó un enérgico debate entre defensores del derecho a la «muerte digna» y colectivos de personas con tetraplejia, muy críticos ya en su día con la actitud vital de Sampedro. Ambas posturas se hallaban representadas en la película a través de diversos personajes y de incisivos diálogos escritos a cuatro manos, entre Amenábar y su inseparable Mateo Gil. Las réplicas se movían a caballo entre la tragedia («Lo único peor a que se te muera un hijo es que quiera morirse», confiesa el padre de Sampedro) y el humor negro («¿Fumas?», le preguntan al protagonista, que contesta: «Sí, de vez en cuando, por si me mata»).

En cualquier caso, fue la elegida para representar a España en los Oscars y ganó la estatuilla en 2005. Una simpática y afín Gwyneth Paltrow abrió el sobre que lo corroboraba, y Amenábar y Fernando Bovaria, coproductor de la película, subieron a recogerla. En su discurso, el director se acordó de Javier, compartiendo con la platea su perplejidad porque el trabajo del actor no hubiera sido considerado para el premio, lo que provocó una espontánea ovación de los presentes. Bardem sí ganó infinidad de premios, como el Goya o la prestigiosa Copa Volpi del Festival de Venecia. En cuanto al Oscar... ya llegaría.

LA MUERTE ARGUMENTAL

Resulta cuanto menos curioso que de las cuatro películas españolas oscarizadas (cinco si incluimos el guión de *Hable con ella*), todas menos una abordan historias de muerte: la enfermedad terminal del protagonista que articula la trama en *Volver a empezar*, el trágico fallecimiento de un hijo que catapulta la historia hacia delante en *Todo sobre mi madre*, la crónica de un hombre que anhela morir en *Mar adentro* y la muerte en vida y posterior resurrección de una mujer en el guión de Almodóvar. Quizás se trate de una perversa coincidencia, o una constatación fílmica de aquel sentimiento trágico de la vida tan hispano del que hablaba Unamuno.

Tres estrellas (+1)

En el firmamento de Hollywood, tres nombres hispanos destacan con luz propia: el de un director artístico colosal, un camarógrafo de exquisita sensibilidad fotográfica y un guionista-director con universo personal y colorista... además de uno de esos «tipos inclasificables».

Gil Parrondo, director de arte: participó en la oscarizada *Volver a empezar* (véase pág. 84), pero por aquel entonces ya tenía dos estatuillas decorando su casa. Llevaba varias décadas ligado a grandes superproducciones norteamericanas: *Doctor Zhivago*, *Patton*, *Nicolás y Alejandra*... Estas dos últimas le hicieron ganar sendos premios de la Academia. *Cabaret* evitó que obtuviera un tercero por *Viajes con mi tía*. Todavía en activo, este maestro asturiano sigue acumulando galardones; Goyas, preferentemente, y por películas al lado de su director fetiche, José Luis Garci: *Canción de cuna*, *You're the One*, *Tiovivo c. 1950* y *Ninette*. También estuvo nominado por *Historia de un beso* y *El abuelo*, del mismo director.

Néstor Almendros, director de fotografía: fue a los cineastas españoles lo que Antonio Banderas a los actores. Se marchó a hacer las Américas y encontró su hueco en aquella exigente industria. Antes había pasado por Cuba y por la Francia de la *Nouvelle Vague*, donde trabajó al lado de François Truffaut y Eric Rohmer. Ganó el Oscar por su excelente fotografía de *Días del cielo*, de Terrence Malick. Su talento fue rápidamente reconocido por Hollywood, que le ofreció trabajar en grandes películas como *Kramer contra Kramer* o *La decisión de Sophie*, por la que volvió a ser nominado. Néstor fue muy querido en Estados Unidos e hizo grandes amistades, como la que le unió a Richard Gere, a quien conoció en el rodaje de la película de Malick. El actor norteamericano lo recordó emocionado al entregar el Oscar a la mejor fotografía en 1992, ya que Almendros había fallecido recientemente.

Pedro Almodóvar, guionista y director: Pedro fue recibido por Hollywood con los brazos abiertos cuando promocionó *Mujeres al borde de un ataque de nervios* en Estados Unidos. Todo el mundo estaba fascinado con él, sus actrices y su película, a la que daban como favorita indiscutible para el Oscar. Aquella divertida comedia también sirvió de carta de presentación de un jovencísimo Antonio Banderas. El manchego se paseaba del brazo de Jane Fonda, que decía estar entusiasmada con la idea de protagonizar la versión norteamericana del film asumiendo el papel que Carmen Maura inmortalizó en la original. Cuando abrieron el sobre y anunciaron que *Pelle el conquistador* era la ganadora, todo el país se sintió estafado. Los hermanos Almodóvar no se dieron por vencidos hasta que *el deseo* se hizo realidad y *Todo sobre mi madre* se llevó el Oscar (véase pág. 98). Fascinados con el universo almodovariano, los académicos nominaron a Pedro como director y guionista de *Hable con ella*. Ganó su segundo Oscar en esta última categoría, siendo el suyo uno de los escasos guiones en lengua extranjera distinguidos con el Oscar.

Cartel de *El discreto encanto de la Burguesía*, de Luis Buñuel.

Antes de Almodóvar, otro cineasta español fue *objeto del deseo* de Hollywood. Luis Buñuel escribió y dirigió *El discreto encanto de la burguesía*, que ganó el Oscar a la mejor película extranjera representando a... Francia. Dos años antes, cuando se supo que *Tristana* estaba nominada en dicha categoría, había declarado que nada podría disgustarle tanto como recibir un Oscar. Puro surrealismo. Como en el caso del manchego, su faceta de guionista fue también reconocida, aunque en su caso no premiada, por los guiones de *El discreto encanto* y de *Ese oscuro objeto del deseo*, escritos junto al maestro Jean-Claude Carrière.

La noche del fauno

El 25 de febrero del año 2007, el Kodak Theatre de Los Ángeles acogió a la representación más nutrida de españoles jamás nominados. Nada menos que siete.

Cuatro de ellos eran candidatos por sus contribuciones artísticas a *El laberinto del fauno*, una coproducción hispano-mexicana nacida de la ebullición creativa y fértil imaginación de Guillermo del Toro. Este cuento de hadas sombrío, ambientado en la España de postguerra, acudió a la ceremonia con seis candidaturas, entre ellas la de mejor film extranjero (representando a México).

David Martí y Montse Ribé, de DDT Efectos Especiales, lograron la anhelada estatuilla en la categoría de maquillaje, imponiéndose al grandioso despliegue maya del *Apocalypto* de Mel Gibson. Aparte del fauno, a ellos –y a la autodisciplina del actor Doug Jones, que tenía que soportar brutales sesiones de caracterización– el cine les debe uno de los más grotescos personajes del género: el hombre pálido, un ser de repulsiva flacidez y ojos en las palmas de las manos que persigue a la protagonista para devorarla. También ganó la decoradora Pilar Revuelta, en la categoría de Dirección de Arte, haciendo equipo con el mexicano Eduardo Caballero. Su traslación a la pantalla del universo mitológico en un contexto de guerra real pergeñado por Del Toro, recibió los parabienes de Hollywood. *El laberinto*... se llevó un tercer Oscar por la fotografía de Guillermo Navarro. El único español del equipo que se quedó sin premio fue el compositor Javier Navarrete, serio aspirante al galardón que ya había colaborado con Del Toro en su anterior *El espinazo del diablo*, una suerte de hermana melliza del fauno, a juicio del director.

Entre los que hubieron de conformarse con el premio de la nominación figura en primer lugar Penélope Cruz, que con su personaje de *Volver* se convirtió en la primera actriz española en ser nominada en la categoría grande de la interpretación. «Pe» sabía de la dificultad de imponerse a rivales como Meryl Streep, Kate Winslet o Judy Dech, pero todas ellas eran conscientes de que ese año el Oscar iba a ser para la británica Helen Mirren por su papel de Isabel II en *The Queen*. Con este Oscar no contábamos, aunque hubiera sido una magnífica sorpresa.

Quizás se esperaba algo más de los cortometrajistas Borja Cobeaga y Javier Fesser. No de ellos, pues de la calidad de sus trabajos hablan por sí mismas las nominaciones que obtuvieron por *Éramos pocos* y *Binta y la gran idea*. Pero sí de la estadística, una referencia

–a tenor de lo sucedido– poco fiable. Ambos estaban nominados en la misma categoría (cortometraje de imagen real), con lo que, entre ambos, sumaban un 40% de probabilidades de que el premio fuese a parar a un español. Finalmente se impuso *West Bank Story*, una microcomedia musical de Ari Sandel.

HISPANIWOOD

El relato de Ofelia, una niña que se adentra en las ruinas de un laberinto y descubre a un fauno que le cuenta que ella es, en realidad, la princesa de un mundo subterráneo, cautivó a los espectadores. Se convirtió en la película más taquillera en castellano, arrancó una ovación de más de quince minutos en el Festival de Cannes y demostró la vitalidad de la creación hispana. En esa edición otros tres mexicanos optaban a Oscar: Alejandro González Iñárritu y Guillermo Arriaga (dirección y guión por *Babel*) y Alfonso Cuarón (guión adaptado por *Hijos de los nombres*).

David Martí y Montse Ribé, Oscar al mejor maquillaje por *El laberinto del fauno.*

Bardem
¡Esto es trabajo!

Ningún otro actor español ha estado nominado al Oscar. Javier no sólo fue el primero, también ha sido candidato en dos ocasiones y ya ha ganado la estatuilla. Lo mejor es que todo apunta a que su relación con el *hombrecillo dorado* no ha hecho más que empezar.

Lo sentaron en primera fila, al lado del Gran Jack Nicholson, y rodeado por Tommy Lee Jones y el clan Coen (Joel, Ethan y Frances McDormand). Todos *oscarizados*. Javier no es un *outsider*, un *españolito* que se haya colado por una rendija en Hollywood, y que se sienta en las últimas butacas asumiendo que la nominación es ya el mejor premio posible. Allí lo admiran y *lo quieren*, afectiva y profesionalmente. Lo demostraron con sus votos y sus aplausos, con la entrevista a las puertas del Kodak Theater como a una gran estrella, incluyéndolo en el resumen de la alfombra roja, enfocándolo durante la ceremonia una y otra vez... Hasta Jon Stewart, anfitrión de la noche, se refirió a su «amigo Bardem» en varias ocasiones.

De todas formas no parece que esto importe mucho a Javier. Antes había confesado a una periodista que aquello y lo que venía haciendo las últimas semanas era un trabajo; bastante fatigoso, por cierto. Para ganar un Oscar no basta con hacer una interpretación excepcional; también hay que pagar el precio de la promoción de la candidatura. El camino de Bardem ha sido largo y agotador, aunque también compensado por la cantidad de premios acumulados. El director Ang Lee bromeaba sobre el particular comentando que todos esos premios que se conceden previamente a los Oscars suelen tener como marco una cena de gala donde siempre se sirve pollo; de modo que cuanto más pollo comes más posibilidades tienes de llevarte la estatuilla. Pues bien, para expresarlo en términos gastronómicos: este año Bardem se ha comido todo el pollo que le han puesto delante. Pero aunque se le vio exultante y emocionado, me atrevo a pensar que no es esto lo que el genuino actor persigue en su vida. Seguramente, él hubiera preferido invertir esas semanas de trajín pre Oscar en vestir a su próximo personaje. Lo ha repetido con insistencia: su premio fue trabajar con los Coen; suena demasiado convincente como para no creerle.

Desde que una película de su tío, Juan Antonio, fue el primer film español nominado en la categoría de película extranjera, el apellido Bardem ha estado vinculado a la fiesta de la Academia. Alrededor de Javier y su carisma se construyó *Mar adentro*, que ganó el Oscar, aunque él no fue nominado por su elaborada interpretación de Ramón Sampedro. Sí lo había estado en 2001 por su Reinaldo Arenas en *Antes que anochezca*, pero Leonardo DiCaprio aplazó la fiesta hasta 2008.

«Esto es para ti, mamá. Esto es para tus padres, para los abuelos, Rafael y Matilde. Por los cómicos de España que han traído, como tú, la dignidad y el orgullo a este oficio. Esto es para España. Para todos vosotros.»

Sus palabras revelan la dimensión del premio y ponen de manifiesto su generosidad, al hacerlo extensivo, más allá de a su familia de sangre –que también– a la profesional, usando el apelativo cariñoso y distinguido de quienes encarnan a los personajes, vayan o no en busca de autor. Javier Bardem asegura no recordar lo que dijo al empuñar la estatuilla, pero sí que logró lo que se proponía: «hacer llorar a mi madre». Pero España *no es país para lágrimas*, sino para euforia por el triunfo histórico de este enorme actor.

Javier Bardem, Oscar al mejor actor secundario por su papel del asesino Anton Chigurh en *No es país para viejos.*

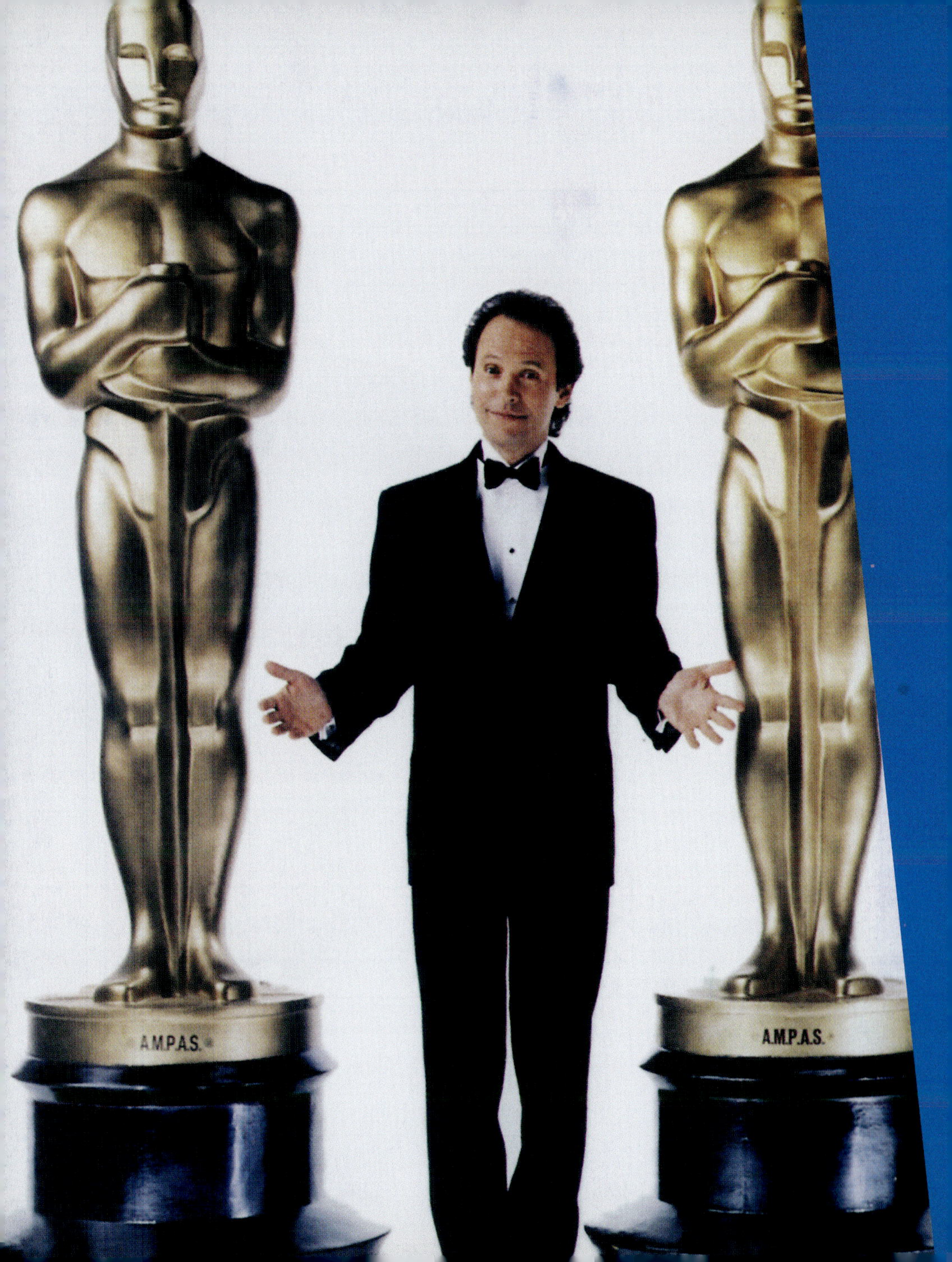
A.M.P.A.S.
A.M.P.A.S.

6. La ceremonia

Desde la primera ceremonia celebrada en el Hotel Roosevelt hasta la última gala retransmitida por la ABC a todo el mundo, los Oscars han evolucionado mucho. Nacieron como una simple cena de gala, casi íntima, entre compañeros de profesión. Después se añadieron más categorías y un baile. Más tarde se invitó a la prensa internacional y, por último, llegó la televisión. Unas doscientas cincuenta personas vieron *in situ* los 14 premios que se concedieron en la primera edición. Hoy, unas 3.500 personas tienen el privilegio de seguir la ceremonia desde la platea del Kodak Theatre y se calcula que más de trescientos millones la ven por televisión.

El marco

La noche del 16 de mayo de 1929 unas doscientas cincuenta personas se reunían en una sala especialmente acondicionada del Hotel Roosevelt de Los Ángeles. Aquel primer recinto que acogía unos premios aún sin nombre rezumaba simbolismo.

El salón se llamaba Blossom («capullo» en inglés) nombre apropiado para la eclosión de una iniciativa destinada a revolucionar la industria del cine. Treinta y seis fueron los miembros cofundadores de la Academia y 36 eran las mesas dispuestas para los asistentes, cada una presidida por la estatuilla (que tampoco estaba bautizada). Los grandes premios se los llevaron *Alas* y *Amanecer*, dos títulos igualmente alegóricos. La película con más premios (3) fue *El séptimo cielo*, lugar imaginario donde los académicos debieron de sentirse al comprobar que su sueño era ya una realidad. Bueno, todos no. El guionista Ben Hecht, ganador del premio al argumento original por *La ley del hampa*, se negó a acudir a la gala por estar enemistado con el director del film, Josef von Sternberg. De esta manera ya anticipaba una de las constantes de la ceremonia en sus primeros años: el escaqueo o absentismo de los protagonistas, con la excusa de estar rodando en el otro extremo del país o representando teatro en Europa. Otros pretextos menos profesionales, como haber salido de pesca o tener jaqueca, no eran sino eufemismos que escondían realidades más comprometedoras.

Iniciativas como la de Louis B. Mayer, que empezó a invitar a la gala a personalidades políticas y abrió las puertas de par en par a la prensa, o la de Frank Capra, que instauró el premio honorífico a David W. Griffith para contrarrestar un boicot que estuvo a punto de fulminar la Academia, recondujeron la situación y empezaron a dotar de prestigio a los premios. Desde entonces, el número de categorías se ha ido incrementando, al igual que la asistencia a las galas, por lo que hubo que trasladarlas a otros espacios más amplios.

El Dorothy Chandler Pavilion acogió a los Oscars desde finales de los años sesenta y hasta el cambio de siglo. Es uno de los centros artísticos más grandes de Estados Unidos. Fue sede de la Filarmónica de Los Ángeles y ahora lo es de la Ópera de la ciudad. El tenor español Plácido Domingo ha cosechado allí numerosos éxitos representando *La Traviatta* o *Madame Butterfly* con la New York City Opera.

Con la llegada del nuevo milenio, los Oscars se trasladaron provisio-

El Kodak Theatre de Los Ángeles durante la gala de los Oscars 2008, uno de los escenarios más grandes del mundo y especialmente diseñado para las retransmisiones televisivas.

nalmente al Shrine Auditorium. Este complejo arquitectónico de estilo marroquí fue construido a principios del siglo XX y remodelado cien años después, tras haber sufrido un incendio y varias reconstrucciones en los años veinte. Además de algunos premios de la A.M.P.A.S. (Academy of Motion Picture Arts and Sciences), allí suelen celebrarse, todavía hoy, otras galas de gran repercusión mediática, como los Grammy, los Emmy o los premios MTV.

La actual sede permanente de los Oscars es el Teatro Kodak de Los Ángeles, diseñado específicamente para ceremonias que deban retransmitirse por televisión. Es uno de los escenarios más grandes del mundo y tiene capacidad para 3.500 espectadores. Debe su nombre a la importante firma de material fotográfico que subvencionó parte de su construcción, aunque el teatro es de propiedad pública y la Academia paga el correspondiente alquiler cada vez que monta su fiesta. El resto del año, el auditorio, que costó unos cien millones de dólares, se amortiza con festivales de danza, musicales, conciertos, óperas y hasta programas televisivos de gran audiencia, como «American Idol».

La alfombra roja

El rojo despierta los sentidos y las pasiones. Se asocia al poder, a la vitalidad y a las emociones de la vida. Todo eso es la noche triunfal de los Oscars; y su alfombra –roja, por supuesto– presume del récord de suelas famosas por metro cuadrado y esmóquines alquilados.

La gente del espectáculo es guapa, por herencia genética o por milagroso estilismo. Y los que no, consiguen estarlo al menos esa noche a fuerza de colágeno, botox, descamación química o retoques en el quirófano. A algunos se les va la mano, lo que juega a su favor cuando su intención es no pasar desapercibidos. Cada edición, los diseñadores de moda y joyeros más influyentes intentan persuadir a las estrellas para que luzcan sus creaciones en una de las pasarelas más ostentosas del año. Se entregan a la búsqueda del cuello estilizado, la espalda interminable, el escote generoso, las manos elegantes, los tobillos refinados... Si en el interior del teatro se ofrece espectáculo, en el exterior se exhibe vanidad. La alfombra es un aparador de escaparates humanos llegados en limusinas.

El despliegue mediático impresiona. Cada detalle es una noticia: vestidos, complementos, peinados, alhajas... Millones de clicks, centelleo de flashes, nombres propios a voz en grito: «¡Tom!», «¡Julia!», «¡Clint!». Los periodistas ruegan a los invitados se les acerquen, que hablen sin guión, que regalen una sonrisa, un saludo, un beso, unas palabritas en su idioma... Y las estrellas se prestan. Esta noche se muestran encantadoras, chispeantes, humildes... Dicen venir a pasárselo bien, a disfrutar de una fiesta. Otros están como inflados, sobre todo si es su primera nominación. A los advenedizos les sobreviene un ramalazo rústico y confiesan sentirse aturdidos por tener tan cerca a las grandes figuras y constatar que son de verdad. Pero en el desfile la gloria y el *glamour* se reparten: todos son iguales, todos al mismo nivel. Nadie ha ganado ni perdido todavía. Son candidatos. Y están nerviosos, aunque disimulen.

Tras el desfile de bellezones y gente simpática y dicharachera, la alfombra queda vacía, aguardando el regreso de los asistentes. Al concluir la ceremonia, seguirá ahí, a sus pies, para recibirlos, ahora sí, divididos en ganadores y perdedores, aunque todos pondrán rumbo a las fiestas más cotizadas de la ciudad donde seguirán luciendo sus transparencias y pedrería hasta el fundido a negro.

BIENAVENTURADOS LOS GRADERÍOS

Unos pocos afortunados podrán ver a sus ídolos muy de cerca; e incluso tocarlos, si se dejan. Los agraciados en un sorteo pueden ver la Parada de los Bellos desde la grada de preferencia que cada año se reserva para el público. El diseño del espacio es como el de los templos. Un patio exterior con aforo limitado (la alfombra y la grada), el lugar santo (la sala del teatro), donde sólo unos pocos elegidos puede entrar (invitados, candidatos y acompañantes), y el lugar santísimo (escenario) al que únicamente acceden los ganadores.

Angelina Jolie sobre la mítica alfombra roja de los Oscars.

En directo desde L.A.

Aunque Bob Hope opinaba que la televisión era «ese lugar donde van las películas cuando mueren», es innegable que el maridaje entre los Oscars y la pantalla chica ha sido fructífero y beneficioso para ambos.

La primera ceremonia no tuvo cobertura alguna y sólo un periódico le dedicó una breve reseña en una de sus páginas interiores. Al año siguiente, una emisora de radio local preparó un monográfico de una hora que tuvo una excelente acogida. Aquella fiesta profesional empezó a despertar gran expectación entre el público, lo que dio paso a emisiones radiofónicas desde los hoteles donde se celebraba. El paulatino interés de los medios de comunicación y el incremento de nuevas categorías reconvirtió los banquetes en galas y trasladó a los académicos del ámbito hotelero a los grandes teatros. Fue en 1953 cuando, tras persuadir a una reticente Academia con 100.000 dólares, la cadena de televisión NBC ofreció por primera vez en directo la gala desde el RKO Pantages Theatre. Desde entonces las retransmisiones impulsaron a los Oscars al rango de acontecimiento mediático mundial de primera magnitud, una cita anual ineludible.

En 1938 la ceremonia estuvo a punto de suspenderse a causa de unas inundaciones terribles en la ciudad de Los Ángeles; pero como el *show must go on* y los intereses publicitarios son enormes, se decidió continuar. Sí se aplazó dos días en 1968, al coincidir la fecha con el funeral de Martin Luther King y por respeto hacia una figura emblemática en la lucha por los derechos humanos que había sido asesinada unos días antes. En 1981 también se aplazó veinticuatro horas por la conmoción nacional que provocó el atentado contra el ex compañero y actor retirado Ronald Reagan, que por aquel entonces –y no por casualidad– resulta que era el presidente de Estados Unidos. Al hilo de esto, recuerdo el genial diálogo entre Christopher Lloyd y Michael J. Fox en *Regreso al futuro*: cuando «Doc» se entera por Marty de que en 1985 Reagan es presidente del país, comenta incrédulo: «¿El actor? ¿Y quién es el ministro de Defensa? ¿Jerry Lewis?».

Los Oscars no han sido cancelados jamás, aunque la celebración de la edición del año 2008 estuvo en la cuerda floja por culpa de la huelga de guionistas, que ya había afectado profundamente a la industria y obligó a eliminar la velada de los Globos de Oro. Afortunadamente para todos, el sindicato de escritores y los estudios llegaron a un acuerdo y el fantasma de la suspensión se desvaneció. No obstante, los organizadores sí tomaron la sensata decisión

La edición del año 2008 estuvo en la cuerda floja por culpa de la huelga de guionistas.

de anular el desfile de estrellas en la alfombra roja en el año 2003, pues Estados Unidos acababa de entrar en guerra con Irak y no era cuestión de cargar las tintas en la faceta más frívola del evento.

ALGO + QUE UNA GALA

Las televisiones foráneas que compran los derechos de emisión de la ceremonia, amortizan el elevado coste de la misma arropándola de contenidos adyacentes. En España, Canal+ no se limita a ofrecer la gala en directo con una agradecida traducción simultánea, sino que elabora programas especiales pre y post ceremonia: resúmenes de las nominaciones, coloquios con pronósticos, entrevistas exclusivas, conexiones con la alfombra roja, comentarios durante el *show*, análisis de los premios, resúmenes, reemisiones, etc. También suelen emitir complementariamente películas ganadoras en ediciones anteriores.

Maestros de ceremonias

Como toda fiesta de postín, la de los Oscars debe tener un anfitrión dinámico y locuaz del que se espera ritmo, desparpajo y las mejores réplicas de la noche.

El carismático Bob Hope, famoso entre otras cosas por entretener a las tropas norteamericanas en conflictos bélicos, añadió a su currículum como boxeador, artista de variedades, humorista radiofónico, *showman* televisivo y actor de cine, el de maestro de ceremonias fijo de la gala: la presentó 18 veces. En cierta ocasión confesó haber accedido a hacerlo para ahorrarse pagar la entrada. Bromista persistente, dispuesto a improvisar el comentario más agudo, la Academia le pagó los servicios prestados concediéndole varias estatuillas especiales. Al recibir una de ellas la mordió, como se hacía antiguamente con las monedas, para comprobar que era auténtica.

Billy Crystal fue el *host* oficial de los Oscars durante los años noventa. El comediante preparaba a conciencia sus intervenciones de bienvenida, que iban más allá del monólogo de apertura: parodiaba las películas nominadas cantando e integrándose digitalmente en las mismas como un personaje más. Sus apariciones eran espectaculares y paródicas: en el año de *Bailando con lobos* entró montando un caballo. En el de *El silencio de los corderos* lo hizo con camisa de fuerza y máscara a lo Hannibal Lecter. Además era (es) un excelente improvisador, e iba enriqueciendo la noche con ocurrentes y mordaces comentarios, según lo que iba sucediendo. La vez en que más usó el recurso del *running gag* (o chiste recurrente) fue cuando Jack Palance se marcó unas flexiones a una mano al ganar su Oscar como secundario por *Cowboys de ciudad*. A partir de ese momento, cada vez que Crystal regresaba al escenario, hacía un chiste sobre la fortaleza del septuagenario actor. Al concluir la noche, tras un número musical con muchos niños, remató el asunto aclarando que todos ellos eran hijos de Jack Palance y anunciando que el actor presentaría la gala del año siguiente.

Obviamente, Palance no lo hizo, aunque sí participó en el *sketch* inicial, arrastrando una enorme estatuilla sobre la que iba sentado Billy Crystal. Pero muchos actores sí han probado suerte como anfitriones: Douglas Fairbanks lo fue en la primera edición. Walter Matthau, Liza Minnelli, Dudley Moore y Richard Pryor se repartieron el trabajo en 1982. Whoppi Goldberg lo hizo en cuatro ocasiones. Fred Astaire, Jack Benny, Chris Rock (proclamado por la revista *Entertainment Weekly*

En la ceremonia de 1998, Whoppi Goldberg se disfrazó de las protagonistas de las películas que optaban al premio de mejor vestuario.

como la persona más divertida de América... «con el permiso de Homer Simpson»), Jerry Lewis (que recurría una y otra vez a sus célebres muecas para contentar a una audiencia entregada) o Steve Martin, quien manifestó que accedía a presentar la gala porque ya que no le daban ningún Oscar al menos así podría estar cerca de ellos.

Pero lo acostumbrado en las últimas décadas es que los elegidos sean cómicos muy populares por sus propios *shows* de televisión: Johnny Carson, David Letterman... Son los dueños del *late night*. Aunque algunos, como Ellen DeGeneres, la anfitriona del año pasado, también han protagonizado series de ficción y son habituales presentadores de otras galas mediáticas, como los Emmys, los Globos de Oro o los Grammys. Éste es el caso de Jon Stewart, que repitió en la última ceremonia tras su primera experiencia hace dos años. En ninguna supo estar a la altura de lo que se esperaba de él.

Los presentadores

Ya que están allí, hay que aprovecharlos. Eso deben de pensar los organizadores de la ceremonia, conscientes de que tan atractivo resulta para el espectador cinéfilo ver ganar un Oscar a Paul Newman, como que se lo entregue en mano Bette Davis. Además, la excusa es perfecta: son los premios que la gente que hace cine se da entre sí.

El sistema es sencillo: cuantas más estrellas participen, mayor capacidad de atrapar a la audiencia. Por eso, la lista de presentadores es más larga que la de galardonados. Éstos ayudan a dinamizar la velada y son el complemento ideal del maestro de ceremonias, que aunque vertebra la gala no suele entregar premio alguno. Esto sí ocurría en los primeros años. Así, Douglas Fairbanks, Irvin S. Cobb o Will Rogers asumieron la presentación de la gala y de todos los premios; pero, por aquel entonces, el número de categorías era notablemente inferior y la ceremonia no se retransmitía por televisión, por lo que podían permitirse la monotonía.

En la actualidad, los que entregan los premios mayores de interpretación acostumbran a ser los ganadores en dichas categorías el año anterior. El director del año recibe el premio de manos de un colega o varios, como el caso de Martin Scorsese, que fue arropado por sus amigos Spielberg, Lucas y el maestro Coppola. La entrega del último galardón de la noche, el que corona la película del año –siempre que Jack Nicholson decline la responsabilidad (es el eterno repetidor)– recae en las estrellas más determinantes del firmamento hollywoodiense, hayan ganado o no el Oscar: Tom Cruise, Elizabeth Taylor, Frank Sinatra, Harrison Ford, Tom Hanks, David O. Selznick... A Jack Palance no le dejaron... por si las moscas.

Otro tipo de presentadores son las parejas, que se conforman aplicando criterios de afinidad en la pantalla, lo que no deja de ser una promoción extra para los films que representan: John Travolta y Samuel L. Jackson (*Pulp Fiction*), Hugh Grant y Andie McDowell (*Cuatro bodas y un funeral*), Daniel Craig y Nicole Kidman (*Invasión*)... Algunas veces, las combinaciones son homenajes a tiempos pasados: en 1991, Paul Newman y Elizabeth Taylor reeditaron su pareja de *La gata sobre el tejado de zinc*. Al año siguiente, les tocó a Dustin Hoffman y Anne Bancroft (*El graduado*) y en 2001 a Ryan O'Neal y Ali McGraw (*Love Story*). También funcionan las parejas artísticas: Walter Matthau y Jack Lemmon, Jerry Lewis y Dean Martin, Placido Domingo y Cher... Bueno, los dos cantan, ¿no?

Otro argumento para emparejarlos son los vínculos familiares: Tim Robbins y Susan Sarandon (matrimonio), Francis Ford y Sofía Coppola (padre e hija), Kirk y Michael Douglas, Debbie Reynolds y su hija Carrie Fisher...

Luego están los presentadores que dan paso a clips musicales, a la memoria de los desaparecidos o de carácter especial, como el homenaje a la ciudad de Nueva York tras los atentados del 11-S, que llevó por primera y única vez a Woody Allen a participar en los Oscars. Aunque la entrada de estos oficiantes provoca el aplauso de rigor de los asistentes, en ocasiones la ovación ha sido espontánea y emotiva, como la que recibió Christopher Reeve (el mejor Superman de la historia) en 1995, tras el fatal accidente que lo dejó tetrapléjico.

Cada año la organización nos regala alguna combinación imaginativa: como la *bondiana* de Pierce Brosnan acompañado por las espectaculares Claudia Schiffer y Naomi Campbell, la pugilística de Muhammad Ali y Sylvester Stallone o la galáctica de Mark Hamill y sus inseparables C3PO y R2D2... Otras son ciertamente delirantes: Al Gore y Leonardo Di Caprio, o ¿Luciano Pavarotti y Angie Dickinson?

En 1955 fue Bette Davis quien entregó el Oscar al mejor actor a Marlon Brando por *La ley del silencio.*

El formato

Tras un paréntesis de seis años en los que la NBC se hizo con los derechos, la cadena ABC ha asumido todas las retransmisiones de la ceremonia hasta el día de hoy. Y ha sido esta simbiosis la que ha ido determinando el formato de los Oscars, para trascender la del espectáculo en vivo y adaptarse a la emisión televisiva.

El *show* se estructura en bloques con sus correspondientes pausas publicitarias, que afortunadamente no son tan largas como las de las cadenas generalistas de nuestro país. El reparto de estatuillas se jerarquiza, arrancando con un par de premios importantes (actor y actriz secundarios, por ejemplo) y concluyendo con las categorías reinas: papeles protagonistas, director y película. En medio, una retahíla de galardones de todo pelaje combinados con números musicales, videoproyecciones y algunas sorpresas escénicas para romper la monotonía y agilizar la velada. A pesar de ello, las ceremonias duran más de tres horas, y si no se hacen eternas es por la cantidad de estrellas de la pantalla que van desfilando ante las cámaras presentando candidaturas y entregando chicos dorados a sus compañeros.

El caballo de batalla de cada año son los discursos de agradecimiento. Por más que la organización advierte a los candidatos de que disponen de un número limitado de segundos para expresarse, la mayoría hace caso omiso y se abandona a la euforia. Julia Roberts mandó a paseo la prohibición declarando: «¡Qué demonios!... Como no sé si voy a volver a estar aquí arriba en toda mi vida, me voy a tomar el tiempo que necesite para agradecer el premio a quien quiera». Y lo hizo. Greer Garson batió el récord de permanencia en el escenario sin dejar de hablar cuando ganó el Oscar por *La señora Miniver* en 1942. Sus interminables cinco minutos de agradecimientos decidieron a la Academia a tomar medidas drásticas, como que la orquesta arrancase a tocar cumplido el tiempo estipulado, apagando con fanfarrias las voces de los reacios a abandonar la plataforma. En el lado opuesto, Michael Dudok habló sólo durante 18 segundos en 2001 al recoger el Oscar por su cortometraje *Wit*.

Si bien da la sensación de que la gala funciona como una máquina de relojería, no todo está siempre perfectamente calculado. En 1974 se les coló un exhibicionista y David Niven –que se disponía a entregar un premio– no pudo ocultar su asombro al ver a un

«¡Qué demonios!... Como no sé si voy a volver a estar aquí arriba en toda mi vida, me voy a tomar el tiempo que necesite para agradecer el premio a quien quiera.»

tipo correteando desnudo a su alrededor. Más perplejos aún se quedaron los asistentes a la gala de 1947 cuando se proyectó un clip de imágenes no en la pantalla gigantesca acondicionada para ello, sino en el techo del Auditorio Shrine. No fue una alusión al surrealismo de Salvador Dalí, que había fascinado a Hollywood el año anterior con sus decorados para *Recuerda*, de Alfred Hitchcock, sino un imperdonable fallo técnico... Sí, ellos tampoco son perfectos.

No siempre la ceremonia se ha hecho larga. La primera entrega de premios apenas duró unos minutos y, en 1958, terminaron antes de lo previsto, de modo que la orquesta se dedicó a tocar para completar los tiempos pactados para la emisión por televisión. Los premiados subieron al escenario e improvisaron un baile que a juicio de algunos resultó bastante patético.

Música y lágrimas

El número de Broadway, con Oscars bailarines cual burbujas de Freixenet, el instante *kitsch* de la tarta gigante con estatuillas en vez de velas para celebrar la vigésima edición, un coro que hace efectos sonoros con sus voces... todo tiene cabida en un *show* donde la música es omnipresente.

Debbie Allen, la profesora de baile que grabó en las mentes de toda una generación aquello de «la fama cuesta y aquí es donde vais empezar a pagar», fue coreógrafa de la ceremonia durante muchos años. Sus montajes tenían como objetivo representar a las películas nominadas. Se recuerda uno muy espectacular que diseñó para el *Hook* de Spielberg, con niños suspendidos por cables, que parecía que flotaban. Otras veces se ha invitado a formaciones de renombre: como los Stomp, que hacen percusión con bidones, escobas, tapacubos y otros objetos reciclados; o Pilobolus, especialistas en el arte de las sombras chinescas utilizando sólo sus cuerpos desnudos, que asombraron al mundo en la edición de 2007.

La costumbre de intercalar actuaciones musicales con las canciones nominadas ha permitido ver en el escenario a lo más florido del panorama musical de cada época: desde Nat King Cole a U2, pasando por Dione Warwick, Bruce Springsteen o James Taylor. Ha habido un poco de todo: el mítico dueto Lionel Ritchie-Diana Ross cantando aquel edulcorado «Endless Love», Celine Dion y su cansina balada de *Titanic*, el provocador «Blame Canada» de *South Park* con un Robin Williams cantando tacos y palabrotas, el quiero-y-no-puedo de Beyoncé intentando imitar al niño de *Los chicos del coro* y, por supuesto, Jorge Drexler. Su canción «Al otro lado del río» de la película *Diarios de motocicleta* fue nominada en 2005, pero los organizadores consideraban que el cantautor uruguayo no era muy conocido y, por temor a que bajara la audiencia, no le permitieron actuar. En su lugar pidieron a los más populares Carlos Santana y Antonio Banderas que subieran al escenario defendiendo el tema. Jorge pudo resarcirse de esta afrenta cuando, Oscar en mano, interpretó *a capella* unos compases de su bonita canción. Una sonora y elegante venganza la suya.

Las lágrimas hacen acto de presencia en los momentos más emotivos: cuando los ganadores se emocionan al recordar a seres queridos en los agradecimientos, durante el clip «In Memoriam» de los compañeros que fallecieron el último año, al ponerse el auditorio en pie para ovacionar a quien recibe el homenaje a toda una vida... Las lágri-

Por fin se hizo justicia, y Ennio Morricone recibió un Oscar honorífico de manos de Clint Eastwood en la edición de 2006.

mas que no se ven son las de fastidio o desencanto, aunque los realizadores las buscan insistentemente en las caras de los derrotados. No obstante, viendo el rictus que algunos impostan para disimular su decepción, se adivina que la procesión van por dentro.

La orquesta en directo es otros de los signos distintivos de la gala. Los músicos del incansable Bill Conti subrayan los momentos álgidos, amenizan al personal durante las pausas publicitarias y atacan con fanfarrias a los que se alargan en sus discursos. De vez en cuando les conceden un tiempo de exhibición con *medleys* sobre las mejores bandas sonoras de nuestra vida o la obra de un compositor homenajeado, como el tristemente poco reconocido Ennio Morricone, que recibió su único Oscar (honorario) el año pasado.

Hollywood Backstage

La otra cara de los Oscars es la que se aparta del lado amable y lúdico de la fiesta. Es una zona oscura donde se dan cita la envidia, el orgullo, las rencillas y el mal ambiente generalizado. Este patio trasero de Hollywood, aunque existe, no ha conseguido empañar las ceremonias, pero alguna vez ha reclamado cierto protagonismo.

En los primeros años, a la gente de la profesión no le atraía mucho la idea de salir de sus confortables casas para ir a una entrega de premios, sobre todo si iban a ser para otros, pues entonces los ganadores se sabían con antelación. Además, las primeras ediciones no parecían todo lo transparentes e imparciales que cabría esperar, ya que la mayoría de premiados resultaban ser los propios responsables de la Academia o sus más allegados. Tampoco ayudaba mucho el formato, pues se daban los risibles casos de presentadores que al abrir el sobre descubrían que ellos mismos eran los agraciados. A esto se añade que eran frecuentes los berrinches de algunos por haber sido excluidos de las nominaciones o los enfrentamientos entre directores, productores y escritores, que se saboteaban mutuamente en las votaciones.

Pero hoy se puede ver a ilustres derrotados accediendo a posar para las cámaras, a pesar de que los pronósticos sean cualquier cosa menos favorables para ellos. Muy pocos quieren perderse el acontecimiento, porque igual salta la sorpresa (una singularidad más de estos premios) y esa imagen de ganador o ganadora con el Oscar en la mano; como decía Ang Lee: «todo el mundo te ve y hay que aprovechar la ocasión».

Ni siquiera el garantizado Oscar a Hellen Mirren por *The Queen* privó a nuestra Penélope Cruz de disfrutar de su histórica nominación como mejor actriz (la primera de una española). En aquella platea repleta de gente ilustre se la vio mucho más relajada de lo que cabría esperar en una primeriza, precisamente por esa improbabilidad de ganar.

Otros momentos delicados fueron el boicot del *lobby* gay a la edición de 1992, el discurso anti Bush de Michael Mooore cuando ganó el Oscar por *Bowling for Columbine*, la reprobación de un sector de la sala cuando el director Elia Kazan (que delató a algunos compañeros durante la Caza de Brujas) recibió un Oscar honorífico y algunas huelgas de guionistas que estuvieron a punto de cargarse las ceremonias. La última, en la edición de 2008, se resolvió 15 días antes de la gala, pero el espectáculo se resintió igualmente. Fue un 80 cumpleaños más que discreto, insulso, a base de refritos y algunos chistes de dudoso gusto.

Ni siquiera el garantizado Oscar a Hellen Mirren por *The Queen* privó a nuestra Penélope Cruz de disfrutar de su histórica nominación como mejor actriz (la primera de una española)

Anexos

Anecdotario

Aleatorio e incompleto

En 1988 se sustituyó el clásico *«and the winner is...»* por el renovado «and the Oscar goes to...». Algunas otras curiosidades:

En una ocasión, cuando la orquesta empezó a tocar una canción nominada que debía interpretar Bing Crosby, éste no dio señales de vida. Más inesperado resultó el ataque de pánico de Judy Garland, a quien le fue imposible subirse al escenario para cantar una de las canciones nominadas y tuvo que ser sustituida de urgencia. Otra que lo pidió fue Marilyn Monroe cuando se le rompió el vestido al ir a entregar una estatuilla. Pero el equipo de vestuario reaccionó de inmediato y lograron apañárselo para que subiera al escenario a tiempo. Norma Jean se enjugó las lágrimas que le había provocado el fatal accidente y deslumbró con su singular belleza y simpatía a un auditorio que no se había enterado de nada.

Otras lágrimas que afloran –y que tienen que ver con la hilaridad y no la tristeza– son las provocadas por excéntricas intervenciones de los que no tienen el menor sentido del ridículo, como Ben Stiller, que se atrevió a salir vestido con unas mallas fluorescentes simulando que nadie lo veía y que formaba parte de un efecto especial en directo. El pato Donald fue también presentador «virtual» en la ceremonia en 1958. Otros personajes animados han participado también en la gala: Buzz Lightyear y Woody (de *Toy Story*), Mickey Mouse, la rana Kermit y Miss Piggy... aunque la abeja protagonista de *Bee Movie* se quejó en esta última gala de que «cada vez hay menos papeles para insectos». Hablando de animación, Tex Avery, ilustre creador del Bugs Bunny, el Pato Lucas o Porky, fue ignorado por la Academia a pesar de su extensa e influyente producción durante la edad de oro de Hollywood.

El compositor Bernard Herman se robó a sí mismo el Oscar a mejor banda sonora, que pudo haber recaído en su partitura para *Ciudadano Kane*, al ganarla ese mismo año por la que escribió para *El hombre que vendió su alma*. Mientras que ésta última apenas se recuerda, los compases de la obra maestra de Orson Welles son utilizados una y otra vez en todo tipo de contenidos.

El director Leo McCarey y los actores Bing Crosby e Ingrid Bergman ganaron el Oscar en la ceremonia de 1945 por diversos trabajos. Semanas más tarde empezaron a rodar juntos *Las campanas de Santa María*, film por el que recibieron sendas nominaciones en la edición del año siguiente, aunque ninguno de ellos repitió galardón.

Esta percepción de universo continuado en las ceremonias se produce

El director Leo McCarey y los actores Bing Crosby e Ingrid Bergman ganaron el Oscar en 1945. Unas semanas después empezaron a rodar juntos *Las campanas de Santa María*, pero en la edición del año siguiente, aunque ninguno de ellos repitió galardón.

algunas veces. Por ejemplo, en 1968 Katharine Hepburn presentó un clip desde el plató de *El león en invierno*. Al año siguiente, ganó el Oscar precisamente por su personaje en esta película. Lo mismo le ocurrió a Paul Newman: En 1986 (mismos números, orden cambiado) le concedieron un Oscar honorífico, pero el actor no pudo ir a recogerlo por encontrarse rodando *El color del dinero*, así que envío un vídeo de agradecimiento desde el plató. Al año siguiente, su papel en la segunda parte de *El buscavidas* le reportó su único Oscar de verdad.

Hasta la fecha las categorías relacionadas con los cortometrajes no admiten diferenciación alguna por cuestión idiomática. Esto significa que aspirar a un Oscar es realmente meritorio, puesto que toda la producción mundial es susceptible de ser nominada. Los cortometrajistas españoles han estado cerca, muy cerca, de la estatuilla. Con *Esposados* Juan Carlos Fesnadillo puso la pica en el auditorio Shrine en 1996. Nacho Vigalondo optó en la misma categoría con *7,35 de la mañana* en 2005. No ganaron, pero les sirvió para convencer a Hollywood que estaban preparados para retos mayores. El primero ya ha dirigido una película allí, *28 semanas después*, y Vigalondo ha vendido los derechos de *Los cronocrímenes* a Tom Cruise para un *remake* a la americana. En la edición de 2006 no uno sino dos cortos de imagen real optaron a la estatuilla: *Éramos pocos*, de Borja Cobeaga, y *Binta y la gran idea*, de Javier Fesser.

Las 80 son nuestras

Estas son las ochenta películas que se alzaron con el Oscar al mejor film del año:

AÑO	TÍTULO	TÍTULO ORIGINAL	DIRECTOR
2007	No es país para viejos	*No Country for Old Men*	Joel y Ethan Coen
2006	Infiltrados	*The Departed*	Martin Scorsese
2005	Crash	*Crash*	Paul Haggis
2004	Million Dollar Baby	*Million Dollar Baby*	Clint Eastwood
2003	El señor de los anillos: El retorno del rey	*The Lord of the Rings: The Return of the King*	Peter Jackson
2002	Chicago	*Chicago*	Rob Marshall
2001	Una mente maravillosa	*A Beautiful Mind*	Ron Howard
2000	Gladiator	*Gladiator*	Ridley Scott
1999	American Beauty	*American Beauty*	Sam Mendes
1998	Shakespeare enamorado	*Shakespeare in Love*	John Madden
1997	Titanic	*Titanic*	James Cameron
1996	El paciente inglés	*The english pattient*	Anthony Mingella
1995	Braveheart valiente	*Braveheart*	Mel Gibson
1994	Forrest Gump	*Forrest Gump*	Robert Zemeckis
1993	La lista de Schindler	*Schindler's list*	Steven Spielberg
1992	Sin perdón	*Unforgiven*	Clint Eastwood
1991	El silencio de los corderos	*The Silence of the Lambs*	Jonathan Demme
1990	Bailando con lobos	*Dances with Wolves*	Kevin Costner
1989	Paseando a Miss Daisy	*Driving Miss Daisy*	Bruce Beresford
1988	Rain Man	*Rain Man*	Barry Levinson
1987	El último emperador	*The Last Emperor*	Bernardo Bertolucci
1986	Platoon	*Platoon*	Oliver Stone
1985	Memorias de África	*Out of Africa*	Sidney Pollack
1984	Amadeus	*Amadeus*	Milos Forman
1983	La fuerza del cariño	*Terms of endearment*	James L. Brooks
1982	Gandhi	*Gandhi*	Richard Attenborough

AÑO	TÍTULO	TÍTULO ORIGINAL	DIRECTOR
1981	Carros de fuego	*Chariots of Fire*	Hugh Hudson
1980	Gente corriente	*Ordinary People*	Robert Redford
1979	Kramer contra Kramer	*Kramer vs. Kramer*	Robert Benton
1978	El cazador	*The Deer Hunter*	Michael Cimino
1977	Annie Hall	*Annie Hall*	Woody Allen
1976	Rocky	*Rocky*	John G. Avildsen
1975	Alguien voló sobre el nido del cuco	*One Flew Over the Cuckoo's Nest*	Milos Forman
1974	El Padrino, parte II	*The Godfather Part II*	Francis Ford Coppola
1973	El golpe	*The sting*	George Roy Hill
1972	El Padrino	*The Godfather*	Francis Ford Coppola
1971	Contra el imperio de la droga	*The French Connection*	William Friedkin
1970	Patton	*Patton*	Franklin J. Schaffner
1969	Cowboy de medianoche	*Midnight Cowboy*	John Schlesinger
1968	Oliver	*Oliver!*	Carol Reed
1967	En el calor de la noche	*In the Heat of the Night*	Norman Jewison
1966	Un hombre para la eternidad	*A Man for All Seasons*	Fred Zinnemann
1965	Sonrisas y lágrimas	*The sound of music*	Robert Wise
1964	My Fair Lady	*My Fair Lady*	George Cukor
1963	Tom Jones	*Tom Jones*	Tony Richardson
1962	Lawrence de Arabia	*Lawrence of Arabia*	David Lean
1961	West Side Story	*West Side Story*	Robert Wise Jerome Robbins
1960	El apartamento	*The Apartment*	Billy Wilder
1959	Ben-Hur	*Ben-Hur*	William Wyler
1958	Gigi	*Gigi*	Vincente Minnelli
1957	El puente sobre el río Kwai	*The Bridge on the River Kwai*	David Lean
1956	La vuelta al mundo en ochenta días	*Around the World in Eighty Days*	Michael Anderson John Farrow
1955	Marty	*Marty*	Delbert Mann

Las 80 son nuestras

AÑO	TÍTULO	TÍTULO ORIGINAL	DIRECTOR
1954	La ley del silencio	*On the Waterfront*	Elia Kazan
1953	De aquí a la eternidad	*From Here to Eternity*	Fred Zinnemann
1952	El mayor espectáculo del mundo	*The Greatest Show on Earth*	Cecil B. De Mille
1951	Un americano en París	*An American in Paris*	Vincente Minnelli
1950	Eva al desnudo	*All About Eve*	Joseph L. Mankiewicz
1949	El político	*All the King's Men*	Robert Rossen
1948	Hamlet	*Hamlet*	Laurence Olivier
1947	La barrera invisible	*Gentleman's Agreement*	Elia Kazan
1946	Los mejores años de nuestra vida	*The Best Years of Our Lives*	William Wyler
1945	Días sin huella	*The Lost Weekend*	Billy Wilder
1944	Siguiendo mi camino	*Going My Way*	Leo McCarey
1943	Casablanca	*Casablanca*	Michael Curtiz
1942	La señora Miniver	*Mrs. Miniver*	William Wyler
1941	¡Qué verde era mi valle!	*How Green Was My Valley*	John Ford
1940	Rebeca	*Rebecca*	Alfred Hitchcock
1939	Lo que el viento se llevó	*Gone with the Wind*	Victor Fleming
1938	¡Vive como quieras!	*You Can't Take It with You*	Frank Capra
1937	La vida de Émile Zola	*The Life of Emile Zola*	William Dieterle
1936	El gran Ziegfeld	*The great Ziegfeld*	Robert Z. Leonard
1935	Rebelión a bordo	*Mutiny on the Bounty*	Frank Lloyd
1934	Sucedió una noche	*It Happened One Night*	Frank Capra
1933	Cabalgata	*Cavalcade*	Frank Lloyd
1932	Grand Hotel	*Grand Hotel*	Edmund Goulding
1931	Cimarrón	*Cimarron*	Wesley Ruggles
1930	Sin novedad en el frente	*All Quiet on the Western Front*	Lewis Milestone
1929	Melodías de Broadway	*The Broadway Melody*	Harry Beaumont
1928	Alas	*Wings*	William A. Wellman

Mira quién gana

A continuación el listado de los ganadores de las ochenta ediciones de los Oscar en las principales categorías. El año corresponde a la fecha de estreno de los films. A partir de la séptima edición, las ceremonias se celebraban al año siguiente.

80.ª edición (2007). Mejor director: **Ethan y Joel Coen** por *No es país para viejos*. Mejor actriz: **Marion Cotillard** por La vida en rosa. Mejor actor: **Daniel Day-Lewis** por Pozos de ambición

79.ª edición (2006). Mejor director: **Martin Scorsese** por *Infiltrados*. Mejor actriz: **Helen Mirren** por *The Queen (La reina)*. Mejor actor: **Forest Whitaker** por *El último rey de Escocia*

78.ª edición (2005). Mejor director: **Ang Lee** por *Brokeback Mountain (En terreno vedado)*. Mejor actriz: **Reese Witherspoon** por *En la cuerda floja*. Mejor actor: **Philip Seymour Hoffman** por *Truman Capote*

77.ª edición (2004). Mejor director: **Clit Eastwood** por *Million Dolllar Baby*. Mejor actriz: **Hilary Swank** por *Million Dolllar Baby*. Mejor actor: **Jamie Foxx** por *Ray*

76.ª edición (2003). Mejor director: **Peter Jackson** por *El señor de los anillos: El retorno del rey*. Mejor actriz: **Charlize Theron** por *Monster*. Mejor actor: **Sean Penn** por *Mystic River*

75.ª edición (2002). Mejor director: **Roman Polanski** por *El pianista*. Mejor actriz: **Nicole Kidman** por *Las horas*. Mejor actor: **Adrien Brody** por *El pianista*

74.ª edición (2001). Mejor director: **Ron Howard** por *Una mente maravillosa*. Mejor actriz: **Halley Berry** por *Monster's Ball*. Mejor actor: **Denzel Washington** por *Día de entrenamiento*

73.ª edición (2000). Mejor director: **Steven Soderbergh** por *Traffic*. Mejor actriz: **Julia Roberts** por *Erin Brockovich*. Mejor actor: **Rusell Crowe** por *Gladiator*

72.ª edición (1999). Mejor director: **Sam Mendes** por *American Beauty*. Mejor actriz: **Hilary Swank** por *Los chicos no lloran*. Mejor actor: **Kevin Spacey** por *American Beauty*

71.ª edición (1998). Mejor director: **Steven Spielberg** por *Salvar al soldado Ryan*. Mejor actriz: **Gwyneth Paltrow** por *Shakespeare enamorado*. Mejor actor: **Roberto Benigni** por *La vida es bella*

70.ª edición (1997). Mejor director: **James Cameron** por *Titanic*. Mejor actriz: **Helen Hunt** por Mejor *imposible*. Mejor actor: **Jack Nicholson** por Mejor *imposible*

69.ª edición (1996). Mejor director: **Anthony Minghella** por *El paciente inglés*. Mejor actriz: **Frances McDormand** por *Fargo*. Mejor actor: **Geoffrey Rush** por *Shine*

68.ª edición (1995). Mejor director: **Mel Gibson** por *Braveheart*. Mejor actriz: **Susan Sarandon** por *Pena de muerte*. Mejor actor: **Nicholas Cage** por *Leaving Las Vegas*

67.ª edición (1994). Mejor director: **Robert Zemeckis** por *Forrest Gump*. Mejor actriz: **Jessica Lange** por *Las cosas que nunca mueren*. Mejor actor: **Tom Hanks** por *Forrest Gump*

66.ª edición (1993). Mejor director: **Steven Spielberg** por *La lista de Schindler*. Mejor actriz: **Holly Hunter** por *El piano*. Mejor actor: **Tom Hanks** por *Philadelphia*

65.ª edición (1992). Mejor director: **Clint Eastwood** por *Sin perdón*. Mejor actriz: **Emma Thompson** por *Regreso a Howards End*. Mejor actor: **Al Pacino** por *Esencia de mujer*

64.ª edición (1991). Mejor director: **Jonathan Demme** por *El silencio de los corderos*. Mejor actriz: **Jodie Foster** por *El silencio de los corderos*. Mejor actor: **Anthony Hopkins** por *El silencio de los corderos*

63.ª edición (1990). Mejor director: **Kevin Costner** por *Bailando con lobos*. Mejor actriz: **Kathy Bates** por *Misery*. Mejor actor: **Jeremy Irons** por *El misterio de Von Bulow*

62.ª edición (1989). Mejor director: **Oliver Stone** por *Nacido el 4 de julio*. Mejor actriz: **Jessica Tandy** por *Paseando a Miss Daisy*. Mejor actor: **Daniel Day-Lewis** por *Mi pie izquierdo*

61.ª edición (1988). Mejor director: **Barry Levinson** por *Rain Man*. Mejor actriz: **Jodie Foster** por *Acusados*. Mejor actor: **Dustin Hoffman** por *Rain Man*

60.ª edición (1987). Mejor director: **Bernardo Bertolucci** por *El último emperador*. Mejor actriz: **Cher** por *Hechizo de luna*. Mejor actor: **Michael Douglas** por *Wall Street*

59.ª edición (1986). Mejor director: **Oliver Stone** por *Platton*. Mejor actriz: **Marlee Matlin** por *Hijos de un dios menor*. Mejor actor: **Paul Newman** por *El color del dinero*

58.ª edición (1985). Mejor director: **Sydney Pollack** por *Memorias de África*. Mejor actriz: **Geraldine Page** por *Regreso a Bountiful*. Mejor actor: **William Hurt** por *El beso de la mujer araña*

57.ª edición (1984). Mejor director: **Milos Forman** por *Amadeus*. Mejor actriz: **Sally Field** por *En un lugar del corazón*. Mejor actor: **F. Murray Abraham** por *Amadeus*

56.ª edición (1983). Mejor director: **James L. Brooks** por *La fuerza del cariño*. Mejor actriz: **Shirley MacLaine** por *La fuerza del cariño*. Mejor actor: **Robert Duvall** por *Gracias y favores*

55.ª edición (1982). Mejor director: **Richard Attenborough** por *Gandhi*. Mejor actriz: **Meryl Streep** por *La decisión de Sophie*. Mejor actor: **Ben Kingsley** por *Gandhi*

54.ª edición (1981). Mejor director: **Warren Beatty** por *Rojos*. Mejor actriz: **Katharine Hepburn** por *En el estanque dorado*. Mejor actor: **Henry Fonda** por *En el estanque dorado*

53.ª edición (1980). Mejor director: **Robert Redford** por *Gente corriente*. Mejor actriz: **Sissy Spacek** por *¡Quiero ser libre!*. Mejor actor: **Robert De Niro** por *Toro salvaje*

52.ª edición (1979). Mejor director: **Robert Benton** por *Kramer contra Kramer*. Mejor actriz: **Sally Field** por *Norma Rae*. Mejor actor: **Dustin Hoffman** por *Kramer contra Kramer*

51.ª edición (1978). Mejor director: **Michael Cimino** por *El cazador*. Mejor actriz: **Jane Fonda** por *El regreso*. Mejor actor: **Jon Voight** por *El regreso*

50.ª edición (1977). Mejor director: **Woody Allen** por *Annie Hall*. Mejor actriz: **Diane Keaton** por *Annie Hall*. Mejor actor: **Richard Dreyfuss** por *La chica del adiós*

49.ª edición (1976). Mejor director: **John G. Avildsen** por *Rocky*. Mejor actriz: **Faye Dunaway** por *Network, un mundo implacable*. Mejor actor: **Peter Finch**[17] por *Network, un mundo implacable*

17. Recibido a título póstumo, pues falleció semanas antes de la ceremonia

48.ª edición (1975). Mejor director: **Milos Forman** por *Alguien voló sobre el nido del cuco*. Mejor actriz: **Louise Fletcher** por *Alguien voló sobre el nido del cuco*. Mejor actor: **Jack Nicholson** por *Alguien voló sobre el nido del cuco*

47.ª edición (1974). Mejor director: Francis Ford Coppola por *El padrino, 2ª parte*. Mejor actriz: **Ellen Burstyn** por *Alicia ya no vive aquí*. Mejor actor: **Art Cartney** por *Harry y Tonto*

46.ª edición (1973). Mejor director: **George Roy Hill** por *El golpe*. Mejor actriz: **Glenda Jackson** por *Un toque de distinción*. Mejor actor: **Jack Lemmon** por *Salvad al tigre*

45.ª edición (1972). Mejor director: **Bob Fosse** por *Cabaret*. Mejor actriz: **Liza Minelli** por *Cabaret*. Mejor actor: **Marlon Brando** por *El padrino*

44.ª edición (1971). Mejor director: **William Friedkin** por *Contra el imperio de la droga (The French Connection)*. Mejor actriz: **Jane Fonda** por *Klute*. Mejor actor: **Gene Hackman** por *Contra el imperio de la droga (The French Connection)*

43.ª edición (1970). Mejor director: **Franklin J. Schaffner** por *Patton*. Mejor actriz: **Glenda Jackson** por *Mujeres enamoradas*. Mejor actor: **George C. Scott** por *Patton*

42.ª edición (1969). Mejor director: **John Schlesinger** por *Cowboy de medianoche*. Mejor actriz: **Maggie Smith** por *Los mejores años de Miss Brodie*. Mejor actor: **John Wayne** por *Valor de ley*

41.ª edición (1968). Mejor director: **Carol Reed** por *Oliver!*. Mejor actriz:[18] **Katharine Hepburn** por *El león en invierno* y **Barbra Streissand** por *Funny Girl*. Mejor actor: **Cliff Robertson** por *Charlie*

40.ª edición (1967). Mejor director: **Mike Nichols** por *El graduado*. Mejor actriz: **Katharine Hepburn** por *Adivina quién viene esta noche*. Mejor actor: **Rod Steiger** por *En el calor de la noche*

39.ª edición (1966). Mejor director: **Fred Zinnemann** por *Un hombre para la eternidad*. Mejor actriz: **Elizabeth Taylor** por *¿Quien teme a Virginia Wolf?*. Mejor actor: **Paul Scofield** por *Un hombre para la eternidad*

38.ª edición (1965). Mejor director: **Robert Wise** por *Sonrisas y lágrimas*. Mejor actriz: **Julie Christie** por *Darling*. Mejor actor: **Lee Marvin** por *La ingenua explosiva*

37.ª edición (1964). Mejor director: **George Cukor** por *My Fair Lady*. Mejor actriz: **Julie Andrews** por *Mary Poppins*. Mejor actor: **Rex Harrison** por *My Fair Lady*

36.ª edición (1963). Mejor director: **Tony Richardson** por *Tom Jones*. Mejor actriz: **Patricia Neal** por *Hud*. Mejor actor: **Sydney Poitier** por *Los lirios del valle*

35.ª edición (1962). Mejor director: **David Lean** por *Lawrence de Arabia*. Mejor actriz: **Anne Bancroft** por *El milagro de Ana Sullivan*. Mejor actor: **Gregory Peck** por *Matar a un ruiseñor*

34.ª edición (1961). Mejor director: **Robert Wise** y **Jerome Robbins** por *West Side Story*. Mejor actriz: **Sophia Loren** por *Dos mujeres*. Mejor actor: **Maximilian Schell** por *Vencedores o vencidos (El juicio de Nuremberg)*

33.ª edición (1960). Mejor película extranjera: ***El manantial de la doncella***. Mejor director: **Billy Wilder** por *El apartamento*. Mejor actriz: **Elizabeth Taylor** por *Una mujer marcada*. Mejor actor: **Burt Lancaster** por *El fuego y la palabra*

18. El segundo empate de la historia, primero en esta categoría.

Mira quién gana

32.ª edición (1959). Mejor director: **William Wyler** por *Ben-Hur*. Mejor actriz: **Simone Signoret** por *Un lugar en la cumbre*. Mejor actor: **Charlton Heston** por *Ben-Hur*

31.ª edición (1958). Mejor película extranjera: ***Mi tío***. Mejor director: **Vincente Minnelli** por *Gigi*. Mejor actriz: **Susan Hayward** por *¡Quiero vivir!*. Mejor actor: **David Niven** por *Mesas separadas*

30.ª edición (1957). Mejor director: **David Lean** por *El puente sobre el río Kwai*. Mejor actriz: **Joanne Woodward** por *Las tres caras de Eva*. Mejor actor: **Alec Guinness** por *El puente sobre el río Kwai*

29.ª edición (1956). Mejor director: **George Stevens** por *Gigante*. Mejor actriz: **Ingrid Bergman** por *Anastasia*. Mejor actor: **Yul Brynner** por *El rey y yo*

28.ª edición (1955). Mejor director: **Delbert Mann** por *Marty*. Mejor actriz: **Anna Magnani** por *La rosa tatuada*. Mejor actor: **Ernest Borgnine** por *Marty*

27.ª edición (1954). Mejor director: **Elia Kazan** por *La ley del silencio*. Mejor actriz: **Grace Kelly** por *La angustia de vivir*. Mejor actor: **Marlon Brando** por *La ley del silencio*

26.ª edición (1953). Mejor director: **Fred Zinnemann** por *De aquí a la eternidad*. Mejor actriz: **Audrey Hepburn** por *Vacaciones en Roma*. Mejor actor: **William Holden** por *Traidor en el infierno*

25.ª edición (1952). Mejor director: **John Ford** por *El hombre tranquilo*. Mejor actriz: **Shirley Booth** por *Vuelve, pequeña Sheba*. Mejor actor: **Gary Cooper** por *Solo ante el peligro*

24.ª edición (1951). Mejor director: **George Stevens** por *Un lugar en el sol*. Mejor actriz: **Vivien Leigh** por *Un tranvía llamado deseo*. Mejor actor: **Humphrey Bogart** por *La reina de África*

23.ª edición (1950). Mejor director: **Joseph L. Mankiewicz** por *Eva al desnudo*. Mejor actriz: **Judy Holliday** por *Nacida ayer*. Mejor actor: **José Ferrer** por *Cyrano de Bergerac*

22.ª edición (1949). Mejor director: **Joseph L. Mankiewicz** por *Carta a tres esposas*. Mejor actriz: **Olivia De Havilland** por *La heredera*. Mejor actor: **Broderick Crawford** por *El político*

21.ª edición (1948). Mejor director: **John Huston** por *El tesoro de Sierra Madre*. Mejor actriz: **Jane Wyman** por *Belinda*. Mejor actor: **Laurence Olivier** por *Hamlet*

20.ª edición (1947). Mejor director: **Elia Kazan** por *La barrera invisible*. Mejor actriz: **Loretta Young** por *Un destino de mujer*. Mejor actor: **Ronald Colman** por *Doble vida*

19.ª edición (1946). Mejor director: **William Wyler** por *Los mejores años de nuestra vida*. Mejor actriz: **Olivia de Havilland** por *Vida íntima de Julia Norris*. Mejor actor: **Fredric March** por *Los mejores años de nuestra vida*

18.ª edición (1945). Mejor director: **Billy Wilder** por *Días sin huella*. Mejor actriz: **Joan Crawford** por *Alma en suplicio*. Mejor actor: **Ray Milland** por *Días sin huella*

17.ª edición (1944). Mejor director: **Leo McCarey** por *Siguiendo mi camino*. Mejor actriz: **Ingrid Bergman** por *Luz que agoniza*. Mejor actor: **Bing Crosby** por *Siguiendo mi camino*

16.ª edición (1943). Mejor director: **Michael Curtiz** por *Casablanca*. Mejor actriz: **Jennifer Jones** por *La canción de Bernadette*. Mejor actor: **Paul Lukas** por *Watch on the Rhine*

15.ª edición (1942). Mejor director: **William Wyler** por *La señora Miniver*. Mejor actriz: **Greer Garson** por *La señora Miniver*. Mejor actor: **James Cagney** por *Yanqui Dandy*

14.ª edición (1941). Mejor director: **John Ford** por *¡Qué verde era mi valle!*. Mejor actriz: **Joan Fontaine** por *Sospecha*. Mejor actor: **Gary Cooper** por *El sargento York*

13.ª edición (1940). Mejor director: **John Ford** por *Las uvas de la ira*. Mejor actriz: **Ginger Rogers** por *Espejismo de amor*. Mejor actor: **James Stewart** por *Historias de Filadelfia*

12.ª edición (1939). Mejor director: **Victor Fleming** por *Lo que el viento se llevó*. Mejor actriz: **Vivien Leigh** por *Lo que el viento se llevó*. Mejor actor: **Robert Donat** por *Adiós, Mr. Chips*

11.ª edición (1938). Mejor director: **Frank Capra** por *Vive como quieras*. Mejor actriz: **Bette Davis** por *Jezabel*. Mejor actor: **Spencer Tracy** por *Forja de hombres*

10.ª edición (1937). Mejor director: **Leo McCarey** por *La pícara puritana*. Mejor actriz: **Luise Rainer** por *La buena tierra*. Mejor actor: **Spencer Tracy** por *Capitanes intrépidos*

9.ª edición (1936). Mejor director: **Frank Capra** por *El secreto de vivir*. Mejor actriz: **Luise Rainer** por *El gran Ziegfeld*. Mejor actor: **Paul Muni** por *La tragedia de Louis Pasteur*

8.ª edición (1935). Mejor director: **John Ford** por *El delator*. Mejor actriz: **Bette Davis** por *Dangerous*. Mejor actor: **Victor McLaglen** por *El delator*

7.ª edición (1934). Mejor director: **Frank Capra** por *Sucedió una noche*. Mejor actriz: **Claudette Colbert** por *Sucedió una noche*. Mejor actor: **Clark Gable** por *Sucedió una noche* [19]

6.ª edición (1932-1933). Mejor director: **Frank Lloyd** por *Cabalgata*. Mejor actriz: **Katharine Hepburn** por *Gloria de un día*. Mejor actor: **Charles Laughton** por *La vida privada de Enrique VIII*

5.ª edición (1931-1932). Mejor director: **Frank Borzage** por *Bad Girl*. Mejor actriz: **Helen Hayes** por *El pecado de Madelon Claudet*. Mejor actor: **Wallace Beery** por *El campeón* y **Fredric March** por *El hombre y el monstruo*[20]

4.ª edición (1930-1931). Mejor director: **Norman Taurog** por *Skippy*. Mejor actriz: **Marie Dressler** por *La fruta amarga*. Mejor actor: **Lionel Barrymore** por *Alma libre*

3.ª edición (1929-1930). Mejor director: **Lewis Milestone** por *Sin novedad en el frente*. Mejor actriz: **Norma Shearer** por *La divorciada*. Mejor actor: **George Arliss** por *Disraeli*

2.ª edición (1928-1929). Mejor director: **Frank Lloyd** por *Trafalgar.* Mejor actriz: **Mary Pickford** por *Coqueta*. Mejor actor: **Warner Baxter** por *En el viejo Arizona*

1.ª edición (1927-1928). Mejor director: **Frank Borzage** por *El séptimo cielo*. Mejor director de comedia: **Lewis Milestone** por *Hermanos de armas*. Mejor actriz: **Janet Gaynor** por *El séptimo cielo*, *El ángel de la calle* y *Amanecer*. Mejor actor: **Emil Jannings** por *La última orden* y *El destino de la carne*

19. El primer empate de la historia.
20. El primer Oscar Grand Slam de la historia al ganar los cinco premios principales.

Otros títulos en Ma Non Troppo – Showtime

Videojuegos. Una nueva forma de cultura
Vincent Montagnana

¿Por qué Pac Man tiene ese aspecto? ¿A quién se le ocurrió programar juegos tan apasionantes como *Zelda* o *Pimkin*? ¿Tienen algo en común Disney y *Resident Evil*? A través de cincuenta breves episodios, Vincent Montagnana narra una de las historias más apasionantes de los últimos treinta años: el nacimiento, desarrollo y apogeo de lo que comenzó siendo un mero pasatiempo y está a punto de abrirnos las puertas de la inminente era de lo virtual.

Series de culto. El otro Hollywood
Abdessamed Sahali

Series de culto no es una simple guía, va más allá. Las series son un gran espectáculo trufado de anécdotas relacionadas con el rodaje o la producción. ¿No le gustaría saber por qué *Star Trek* se mantuvo en pantalla a pesar de que sus dos primeras temporadas fracasaron? ¿O qué sucedió después de que J.R. recibiese un balazo en el último capítulo de *Dallas*? ¿O por qué la Casa Blanca se interesó por los guiones de *Sensación de Vivir*? Si es así, está de enhorabuena: éste es su libro.

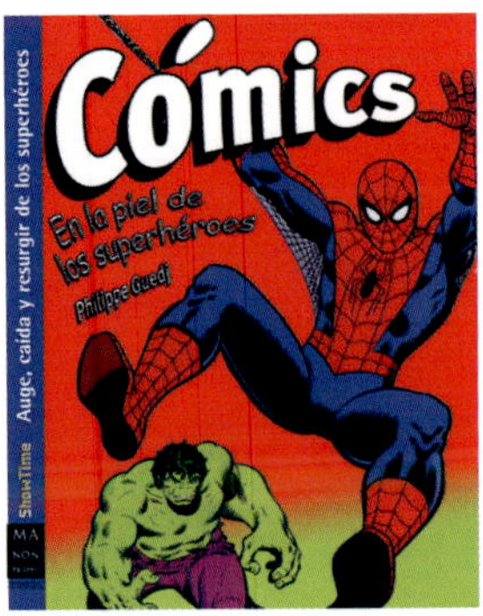

Cómics. En la piel de los superhéroes
Philippe Guedj

¿Por qué murió Superman en el famoso número 75 de *Superman*? ¿Cómo se volvió verde Hulk? ¿En qué tema fue Spider-Man el portavoz de Nixon durante un tiempo? Mediante cincuenta hermosas historias, Philippe Guedj nos descubre los orígenes del mito. Con humor y erudición, nos relata la génesis de los superhéroes, su impacto en la sociedad norteamericana, las crisis que han superado y el renacer que conocen hoy en día. Bienvenidos al universo de los superhéroes.

Las grandes películas

Roger Ebert

En esta obra sorprende que coexistan filmes infantiles, juveniles, clásicos y de vanguardia. Es una elección más orientada a indagar en cien grandes producciones que en una siempre difícil y dudosa selección de las mejores películas. Roger Ebert despliega su cultura cinematográfica con todo tipo de informaciones sobre las películas, las vidas de los directores e interesantes episodios de los rodajes que arrojan luz sobre aspectos desconocidos de los mismos.

Las grandes películas 2

Roger Ebert

Este libro prosigue el camino que Ebert inició con el volumen anterior, *Las grandes películas*. En esta segunda entrega, el autor pone nuevamente a disposición de los lectores su exquisito talento a la hora de seleccionar las películas más interesantes de la historia del cine. En definitiva, una obra apasionante en la que Roger Ebert proporciona las herramientas necesarias para ver y apreciar las películas más emblemáticas de la cinematografía mundial.

El libro juego del cine

Pierre Murat y Michel Grisolia

El libro juego del cine le permitirá saber todo acerca del séptimo arte; desde los géneros, el montaje, los realizadores y los mitos, entre otros aspectos interesantes. Ponga a prueba sus conocimientos de cultura del celuloide con divertidos juegos y curiosas preguntas. Bellamente ilustrada con más de 300 fotografías a todo color, esta original e interactiva historia del cine le ofrece la oportunidad de comprender mejor la más popular de todas las formas de arte.